U0023294

愛上
當爸媽這件事

0 到 3 歲嬰幼兒心理學

FALLING IN LOVE WITH PARENTHOOD

孫明儀——著

目次

謹以此書　獻給我的父母和我的先生

——因為你們，讓我得以享受當媽媽！

導讀。王浩威

給孩子一個良好的心理環境

一九九五年左右，有位朋友想找一個機構捐款，她希望是跟小孩有關的非政府機構。我想到之前另一位朋友提起的「未婚媽媽之家」，就建議她可以去看看。

那是未婚懷孕還不受教育體系所容忍的時代，一般社會還在不自覺就排斥的姿態。未婚懷孕的女孩，在學校裡的處境是十分難堪的。有些修女們發自悲憫之心，於是出面辦了這樣的未婚媽媽之家。

幾天後又遇到這位朋友，她立刻主動提到去那個地方的驚奇印象。

她到了未婚媽媽之家，在社工人員帶領下到嬰兒室參觀。「十多個嬰兒！」她以驚訝的口氣說著：「而且，每一個都十分可愛，睜大眼睛直直的看著你，讓你忍不住就想憐惜。」

她自己左手抱一個，右手抱兩個，還是覺得剩下的那些嬰兒好可愛又好可憐，於是要求隨行的朋友也來幫忙抱。

我聽了忍不住大笑，因為這個朋友自己也有兩個當時是青少年的兒子。「你不是當年帶小孩帶得哇哇叫，說辛苦得不得了？」

她立刻回答：「可是真的不一樣，這些嬰兒笑得好甜，眼睛睜得大大的，好像很希望你來抱。」她頓了一下，繼續說：「不像當年帶自己那兩個，稍微抱慢一點，就開始哭鬧個不停，好像我注定就是要來侍候他們似的。」

那些年，被我們忽略的嬰幼兒情感

那是許多年前的事。當時的我，雖然有一定的兒童精神醫學訓練，但一時還沒太多反應。台灣的兒童精神醫學在亞洲其實是執牛耳的，在國際上也不輸歐美太多。先輩徐澄清和宋維村兩位教授畢生的投入，帶出了一批兒童臨床心理學和兒童精神醫學的專業人員，如今分布在各大醫學中心和各大學裡擔任各種不同的重要角色。

然而，包括歐美在內，整個時代的氛圍是十分講究實證的，對兒童心理學或精神醫學也是以所謂最科學的行為主義為主要取向。

因此，當一個嬰兒來到兒童專家（包括小兒科醫師在內）面前時，這位專家看到的是嬰兒的成長（身高和體重）是否在正常的生長曲線內、神經（特別是五官）是否有受損、動作發展是否正常，還有，語言能力發展得如何。

只是，現在回頭來看，這些以行為、語言和生理發展為標準的評估，其實還是漏掉了很多面向，特別是這二十年才開始注意的社交及情感的發展。

當孩子放棄追求，他也放棄了成長

在「未婚媽媽之家」的棄嬰中心裡，那些不會哭鬧而教人心疼的天使們，其實是發生了十分嚴重的心理創傷才會如此的。

正如，溫尼考特（D. W. Winnicott）這位兒童心理大師再三強調的：當嬰兒來到世界上，父母要提供的是一個無微不至的環境，讓嬰兒繼續擁有無所不能的上帝感受。然後，隨著父母逐漸放心，才一步一步慢慢而自然地減少了這個環境的完美程度，而小孩也因為這樣適量的挫折和不足，而逐漸進入社會面。

然而，有些小孩卻沒有這麼幸運。他們一生下來，也許是從出生那一刻起，也許是在某個早期階段，這個無微不至的環境不見了。這樣的情形，或許是如同棄嬰般沒有母性照顧，或許是媽媽得了嚴重的憂鬱症而對四周沒有任何興趣，也或許是父母嚴重衝突而無暇顧及小孩……。總之，在這些情況下，孩子學會了放棄任何期待，包括哭鬧在內的各種積極要求的行為。

放棄了任何積極要求的小孩，如果嚴重一點，他們會放棄成長，放棄與世界的溝通；輕微一點的，則是終生對生命沒有期待而顯得生命能量特低，或是長大後有親密關係的問題。關於這些問題，就是落在社交和情感的發展範圍裡，是過去只強調生理、動作和語言發展所沒有涵蓋進來的。

一九五二年，兒童心理學家約翰．鮑比（John Bowlby）完成了一部以兒童和父母暫時分離為主題的紀錄片《兩歲小孩去醫院》（*A Two-Year Old Goes to the Hospital*）。他記錄住院的兩歲小孩，在與父母隔離數天後的許多不正常反應，包括太乖、太慢情緒反應、躲在自己的玩具所組成的半封閉世界裡等等。

這部片子在當年聯合國世界衛生組織獲得廣大的討論。來自美國的知名心理學家埃里克．艾瑞克森（Erik Erikson）也大力支持，希望全世界的醫學界對住院兒童要好好思考：如何能維持原來的母性照顧。

而在另一個場合，溫尼考特針對英國在二次大戰時將小孩強行從父母身邊撤離的政策，導致這些小孩日後產生許多心理後遺症，他也說：「寧可被德國的炸彈炸死，也不要讓小孩離開父母身邊。」嬰兒或兒童從來無法單獨存在，而是在母嬰關係中成長的。這是溫尼考特最經典的觀念。

這樣的親職忽略，對情感或社會能力發展的影響，不只是這些專家注意到。斯皮茨（René Spitz, 1887-1974）是維也納出生、二次大戰到美國的兒童專家，他就提出兩個觀念：一是失親憂鬱（anaclitic depression），認為越早失去父母的小孩，長大後的憂鬱症越是難好；另一觀念是「醫院症候群」（hospitalism），跟鮑比一樣，斯皮茨也對住院治療而與父母分離的小孩所產生的身心狀態提出警告。

帶來不可思議影響力的一本書

儘管這些警告在五〇年代就陸續提出，但不幸的是，六〇、七〇年代是精神藥物和行為科學登場的時代。這些痛心疾呼儘管是諸多兒童心理大師異口同聲提出的，但在這樣的時代背景下，還是完全被忽略了。

八〇年代以後，隨著精神分析中的嬰兒觀察開始受到重視，也隨著輕度自閉症的研究，兒童情感和社交能力的發展才再度受到注意。

在國內，過去有溫尼考特的《給媽媽的貼心書》（*The Child, the Family and the Outside World*），以及英國塔維斯托克診所（The Tavistock Clinic）編寫的四本書：《0–2歲寶寶想表達什麼？》、《3–5歲幼兒為什麼問不停》、《6–9歲孩子，為何喜歡裝大人？》、《10–14歲青少年，你在想什麼？》（以上皆心靈工坊出版），算是這方面少有的幾本相關著作，對嬰幼兒的概念是強調母性照顧的重要性，也強調嬰兒的情感發展。

這些書放在市場上眾多的傳統（行為主義取向的）育兒或親子書裡，是不容易被看到的。儘管如此，還是有許多用心的父母找來做為重要的參考書籍，更是許多心理專業人士必然放在案頭的。但對一般民眾而言，因為沒有這樣的基本認識，也就不會在茫茫書海中，找到這幾本以情感和社會能力發展為重點的親子心理書。

這樣的情形，恰恰反映出台灣父母的困境。他們隱約知道自己的困境，包括資源有限的夫妻，如何提供給孩子好的心理環境等等。這樣的困境，是目前的父母共同面對的難題。他們對自己的父母角色越來越有自我覺察力，因此自我要求也越高。因為如此，他們普遍意識到自己能力可能的不足，對自己擔任父母角色是感到有壓力的。

在這情形下，孫明儀老師這本《愛上當爸媽這件事》的出版，其實是相當重要的。她提供目前父母的這個需要，而且是以當下華人社會的文化情境，提出具體作為的。這樣的一本書，看起來似乎只是育兒書中的又一本，其實內在的觀念是破冰一般的提供了全然不同的觀點。單單這一點，這本書就足以教人十分興奮。

而且，在這本不會過度冗長的書中，從有限的篇幅裡，很清楚地提供了父母基本的方向。父母就好像在茫茫的黑暗中，可以找到一個初步的方向。至於有進一步興趣的讀者，可以再找前述的幾本書來參考。

孫明儀老師本身是社工出身，後來專門學習了這方面的領域。這些年來她投入在親子教育裡，是圈內專業人士眾所皆知的。她願意付出時間完成這本書，更是令人感佩。這是一本了不起的書，對當今的父母有如及時雨一般，相信可以在這片荒蕪的領域裡，產生不可思議的影響力。

這是一個開始，相信這個領域在台灣將會越來越受到重視，也果真扮演起越來越重要的角色。

王浩威，心理醫生、心靈工坊文化公司發行人。

| 推薦序。林亮吟 |

陪伴孩子，能讓你更了解自己

「當爸媽」這件事，是家庭生命很重要的轉折。坊間關於如何當爸媽的書俯拾即是，尤其在今天這個部落格、網路盛行的時代，相關文章與論述更是難計其數。那麼，是什麼原因讓明儀這本書，顯得特殊且重要呢？

我認為，明儀描述了一個很重要、但不常被強調與說明的事實，那就是：爸媽們自己早年的、細節常被遺忘的生長歷程，其實深深影響著他們為人父母、帶養孩子的過程。

想當個健康快樂的爸媽，你需要透過真實的自我，與眼前的新生命互動，爸媽與孩子雙方，都要各自發展與學習，整合成一個新的自我。在這個重要的經驗歷程裡，爸媽與孩子相互形塑與成長、實驗與嘗試，逐漸發展出心理上更親密連結、但也能獨立與分化的個體。換言之，爸媽內心裡會形塑出與孩子緊密結合的關係，在這個緊密的關係當中，又能清清楚楚地不失去自我，體會並經驗生命更有意義與深度的自我實現，同時也協助孩子逐漸發展出屬於孩子獨特、有活力而真實的自我。

這本書，是一個讓爸媽透過愛孩子，心理上與孩子建立依附關係，最終學會更愛自己、更了解自己的成長故事。孩子經過爸媽的照顧、關懷、忍耐與愛心，與爸媽的情感深度互動，開始能夠編譜他們的生命故事，並學會愛自己與肯定自己。每一個成長時刻的體驗，都是無法複製的，但可以透過彼此的體認、選擇和意志被重塑與修正，這個過程，也讓爸媽與孩子的生命能更美好。

心理學家發現，這個重要形塑人的過程，並不是起始於嬰兒出生的那一刻，而是早在爸媽相遇、建立關係、準備孕育嬰兒的時候，就已經開始了。所謂嬰幼兒心理健康的初始環境，正是爸媽的想像與心情、想法與思慮。這一切，都是嬰幼兒心理健康很重要的培養皿。

這個早期無法被語言精確形容的直接情感體驗，對每個人的一生都有著重要深遠的影響。它的影響是在情感與直覺、互動反應及人格養成上，這也是為什麼近二、三十年，世界各國對於嬰幼兒的發展與心理健康會越來越重視。想要形塑一個健康、自主、有彈性、有個性與原則的人，這一段早年的歷程，可以打下重要的基模。

明儀是寫這本書的不二人選

我多年來的工作，是探索兒童與青少年的心靈世界。我經常看到很多爸媽，備受他們孩子的情緒與心智發展問題所困擾。這些問題當中，有些是先天形成的，有些則是來自後天環境的影響。這也正是為什麼，我不斷呼籲從事心理諮商與社福工作的朋友們，必須與孩子的爸媽攜手合作。因為，所謂孩子的後天環境，就是帶養他們的爸媽，以及每一天的家庭互動。也就是說，要幫助孩子們的身心更健康，就要幫助爸媽們思考孩子行為底下的情感需求，協助爸媽們更理解自己的孩子。

從我二〇〇八年認識明儀以來，她就積極地投入嬰幼兒的發展與心理健康的工作上。她很努力地想要建構出更好的嬰幼兒心理健康的訓練與服務，更希望一般的爸媽或社會大眾，能夠將我們已知的有關爸媽、嬰幼兒發展與其關係的知識，實際運用到生活上，讓早年的親子關係與家庭生活都更為健康。她對推廣心理衛生工作的熱誠，加上在嬰幼兒心理健康方面擁有很豐厚而完整的訓練背景及工作經驗，讓她成為寫這本書的不二人選。

從她與自己孩子活力、正面的關係中，更可以看到她是如何以身作則地將其學與所知，運用到實際的親子關係上。這幾年來，據我所知她更是不遺餘力，將心力投注在推廣一般爸媽所能理解的嬰幼兒發展與關係的知能上。這本書，是她首度將自己的帶養專業與經驗，用淺顯易懂的語言呈現，讓社會大眾能更了解嬰幼兒與爸媽。書中沒有太多艱澀難懂的心理學語言，卻能將我們所知的早年關係的核心、心理的經驗說得簡單、清楚而明白，對於想理解早年嬰幼兒情感與依附關係發展的一般大眾與爸媽，是值得參考的一本好書。我相信，明儀她會再有第二本、第三本相關著作，也讓我們拭目以待。

林亮吟，台北市立聯合醫院松德院區兒童青少年精神科特約醫師、心禾診所負責人。

｜推薦序。賴芳玉｜

教你讀懂天使的心

不知初為父母的你／妳，是否曾如我一般，總凝望著寶貝的笑，眷戀著宛如與天使同在的幸福，並耽於寶貝眼眸裡的完全依戀，讓你／妳深感自己是值得被愛，也有愛人的能力？

不知初為父母的你／妳，是否曾如我一般，分秒都想讀懂天使的憨笑，聽懂天使蹙眉噘嘴的哭，時時刻刻渴望著和天使般的寶貝聊聊關於親子間的事，來一場關於愛的深度溝通？

這本書，將與你／妳分享初為父母的幸福，更教會你／妳讀懂天使的愛、天使的心。

賴芳玉，律州聯合法律事務所主持律師。

｜推薦序。賴佩霞｜

我們一起靜心，讀這本書

二〇一三年初，我在一場榮格心理學的研討會中認識了本書作者孫明儀。她主動跟我分享她多年在嬰幼兒心理學上的研究，靦腆地告訴我，她正在進行「嬰幼兒心理學」寫作計畫，已經完成了一大半，希望能幫助爸媽們了解，家中嬰幼兒心裡在想什麼。她說，這是她的第一本書，希望我能給她一些經驗上的回饋。

我自己有兩個寶貝女兒，對心理學也有著高度興趣，所以當聽到有人的志業是希望「讓爸媽能聽懂嬰幼兒說話」，我那潛藏的「好事」性格即刻活絡了起來，平常刻意不介入別人事務的堅持，霎時統統瓦解，一心想著如何促成這本書的誕生。畢竟，天底下有哪個爸媽，不想聽懂寶寶心裡的真正聲音呢？

我真心期待，明儀能孕育一本更貼近我們自己獨特文化的育兒領悟與分享。長期以來，心理學或兒童心理研究多以西方的成果為教材，但對於華人爸媽來說，這些老外歸納出來的教養、育兒方式，在我們的家庭體系裡是否可行？西方的教養理論用在一個受東方文化熏陶的孩子身上，是否合宜？我一直持保留態度。即便西方心理研究比我們早了至少上百年，但對於東方人特有的家族、社群、文化，西方人士的了解仍相當有限。

第一次讀初稿，我發現明儀用較多的篇幅介紹各種教養理論與帶養方法，專業度完全沒話說，但我更想看的是，她自己如何運用在實際的帶養經驗上？她那細膩、溫暖、充滿善意的為人母的耐心，如何與這些理論結合？於是，我約了明儀，很誠實地告訴她我的感想。「我覺得你可以考慮重新詮釋，」我說：「我好想聽聽，你自己是如何帶你兩個最親愛的寶貝。」當下，雖然覺得自己建議人家重寫，實在有些唐突，但我覺得是必要的。我自己寫《回家》這本書，前後也歷經了四年的醞釀、琢磨、淬鍊。更重要的是，我可以從明儀的文字與談話中，看見她深厚的專業知識，一定有好多經驗可以跟家有寶寶的爸媽們共享。

然後，我當了「書媒婆」，將明儀介紹給早安財經發行人沈雲驄，這門出版美事就這麼促成了。現在，這本書——這懷胎最少三年的新生命——即將問世，而我這個催生婆滿心歡喜，喜洋洋地將這本好書介紹給大家。

對我而言，這不只是一本育兒的書，而是一本關乎靈性傳承的貼心提醒。因為，雖然這本書的主題是「嬰幼兒心理學」，但也是一本「爸媽心理學」，為讀者點出很多爸媽們不曾靜下心仔細思索的人生議題。讀著讀著，心裡三不五時會冒出「哇，原來我們都錯了」的驚嘆。明儀以她專業的背景，加上為人母的細緻情感，與讀者分享她從孩子身上悟到的心靈養分。這本書除了是新手父母的育兒提醒，也蘊藏了關心人類未來靈性發展的重要省思。

好不好，讓我們靜下心來讀一讀這本書，為孩子也為自己，仔細想想彼此值得共同擁有一個什麼樣的未來？

賴佩霞，知名身心靈導師、歌手、主持人、攝影家。

自 序

孩子心理健康，你的生命更豐富

親子之間無條件的愛，讓我深深地著迷。當寶寶回應爸媽燦爛的微笑時，雙方之間那種溫暖的幸福，總是讓我感覺那是活在世上最值得的時刻。

身為爸媽，我們都希望孩子活得健康、活得好，然而從許多社會事件中，我們漸漸發現，書讀得好、社會地位高、收入優渥，並不能保證身心健康，活得快樂活得好。

我對推廣嬰幼兒的心理健康（Infant Mental Health）一直有著莫大的熱誠，十餘年在台灣、美國和英國的專業養成，以及在美國密西根州和伊利諾州的嬰幼兒心理健康臨床工作經驗，讓我在近年返台後，開始督導醫療以及社福層級的早療機構與專業人員，幫助他們和家庭一起工作。此外，我也在新竹地區以雙語提供兒童、青少年的直接諮詢或諮商服務，除了在外語學校服務，我還和家有難帶養嬰幼兒的爸媽們，一起觀察寶貝的氣質，思考寶貝的情感需求，讀懂寶貝的心理，來幫助爸媽（或是主要照顧者，例如阿公、阿嬤等）調整適合的帶養方式，讓親子可以更順利相愛。

在臨床服務經驗裡，有些青少年個案總讓我嘆息著：到底是打從人生中哪一步開始，讓他們和父母之間漸行漸遠？孩子是從什麼時候開始，變得對家庭的情感貧瘠，爸媽對他們而言，只剩下「物質提供者」的功能？又是什麼原因，讓有些孩子逐漸走向極端，自我傷害或傷害別人，帶給爸媽震驚與痛苦？

這是一本關於嬰幼兒心理學的書，特別為準備當爸媽，或是家有嬰幼兒的爸媽而寫。為什麼特別想談「嬰幼兒心理」？很簡單：因為時間夠早，一切還來得及。寶寶們正準備讓爸媽疼愛，而爸媽們也想準備好，當稱職的爸媽。

這一切都才剛開始！如果打從懷孕起，開始注重自己與寶寶的心理健康，就能在最早的起點開始培養深厚的親子關係，幫助雙方互相了解，培養相愛的默契。

寶寶心理健康，全家都快樂

我曾是全職帶養兩個寶寶的媽媽。在那五年間，我在帶養中摸索，逐漸了解自己是個什麼樣的媽媽，我的孩子們擁有哪些獨特的氣質。跟先生形成的帶養團隊，與孩子一起認真度過的每一個日子，成為我們全家互相了解的基礎。有時候，在母親的幫忙下，我觀察阿嬤對孫子的疼愛，回溯與想像自己幼時的成長，感受著帶養原來是一件血脈傳承的事。

我很渴望將自己的工作經驗，以及愛上當媽媽的過程，和大家分享。這本書，希望「傳遞」發展心理學的理論知識，幫助爸媽們理解建構孩子心理發展的要素；也希望這種理解，可以「觸發」爸媽們享受帶養孩子的過程。假如你已為人父母，希望這本書將幫助你觀察、思考、理解與涵容孩子的情感經驗，進而擁抱孩子與自己愛孩子的雙向情感，用適合你們的方式來和寶貝互動，讓彼此更滿意這個親子關係，並促進孩子的心理健康。

一個心理健康的孩子，通常情緒平穩、個性樂觀、挫折容忍度較高，對學習有熱誠、有責任感、有創造力，並擁有同理的能力，幫他們在未來進入團體時和同儕相處融洽，甚至給予自己的父母溫暖與愛。良好的親子關係，能讓家庭氣氛融洽，也讓我們成為更有自信、快樂滿足的父母。

我衷心期盼透過本書，能幫助爸媽們在孩子初誕生的前幾年，順利帶養寶寶，建立起親子雙方深厚的情感，享受彼此，甚至能夠感謝彼此豐富了自己的人生，一起面對未來孩子發展上的挑戰。

這本書分成兩部分，前七章我嘗試用最淺顯易懂的文字，為爸媽們說明從懷孕到寶貝滿四歲前，培養寶貝心理健康相關的心理理論。第八章開始，我挑選了一些家長們常遇到的日常挑戰，例如餵食、睡眠、學習等等，幫助爸媽從心理健康的角度來思考這些常見的議題。每個章節都可以獨立閱讀，不需要照章節順序，也可當成帶養議題的參考手冊。

最後，我想提醒爸媽的是，這本書提供了「一種」帶養嬰幼兒的方法，但絕不是「唯一」的方法，畢竟教養這件事，會受到不同觀點與家庭文化的影響。我只是把自己的專業，以及身為媽媽的經驗中重要的思考點寫下來，希望可以激發出親職關係的新想法，讓親子互動更美好，讓更多人能夠「愛上當爸媽這件事」！

1

肚子裡的寶寶，需要來自父母情感的滋養

懷孕期間跟另一半吵架，會影響寶寶的成長嗎？
工作壓力大，會不會影響寶寶的個性發展？
容易情緒激動，會影響寶寶的成長嗎？
如何做好胎教？
我能不能當個好媽媽（爸爸）呢？
到底好媽媽（爸爸）要怎麼當呢？
我想要一個很乖的寶寶，
有沒有什麼方法可以在懷孕時就開始教？
能不能順利生產？好緊張，怎麼辦？

所以，他／她來了。在你確定懷孕的那一刻，寶寶開始真實存在於你的生命裡。

你開始想，帶養寶寶這麼陌生的一條路，自己是否有夠好的資質勝任？關於生育教養的資訊與建議那麼多，自己到底該憑藉什麼標準來選擇？就算選擇了，又如何知道你的做法是否正確？

於是在這些矛盾與困惑中，你拿起這本書，心想：我連自己的心理都不見得了解，要怎麼了解寶寶的心理？

你懷的不只是孩子，也懷著一種新的身分認同

真的，當父母不容易。因為在懷孕與生產的路上，你不只孕育了一個新生命，其實你還為自己產出一個新的「我要當父母」的自我認同。

這種「我要當父母了」的自我認同，並不是在寶寶呱呱墜地那一刻才開始的。早在你小時候——兩、三歲左右，開始發展性別角色認同時，或每一次在玩家家酒，假扮爸爸或媽媽的角色時——這種為人父母的概念就已經開始成形了。等到長大進入青春期，理解自己的身體已經有能力孕育，以及日後墜入愛河遇見另一半，直到發現懷孕的這一刻，當父母這件事，

在你的生命裡已經浮現過很多次，每一次都伴隨著你的想像，或多或少帶給你不同的思索。

雖然當父母這事，每個人的出發點可能都不太一樣——有的寶寶是在期待下受孕的，有的是在計畫中，有的是在壓力下，有的是個意外——不管是哪一種，這都是嬰幼兒心理健康的起點。因為，迎接寶寶到來的心情，以及懷孕期間的感受，會開始影響你對懷孕的看法，影響你在懷孕期間所做的生活調整，這一整個懷孕的過程，都會影響著你對胎兒的想像。所以，不管你是驚喜、震驚、開心或是煩惱，寶寶的存在都可能帶來一連串複雜的感受。

也就是說，這是一趟很特別的經驗：在第一次與寶寶見面之前，你已經開始為了寶寶改變，你已經能發現寶寶正在發揮他的影響力，讓你改變。就像是廣告裡頭的孕婦，半夜叫醒身邊熟睡的老公說：「寶寶現在想吃李子。」爸爸在熟睡中彈跳起來，準備出門去找李子。由此可知，這個未出世的寶寶，不論在生活上、生理上，甚至是情緒上，都已經真實地開始存在你們的生命裡。

當你懷孕時，你同時孕育了三個成長

你也會發現，你對這個新生命的不同感受，是如何一層又一層包覆著你即將進入的新角色，幫你建構對當父母這個角色的理解與想像：你可能會開始走進以前不會靠近的親子書籍區，翻閱一下嬰兒教養書籍或所謂的新手父母求生手冊；你上網查詢；和已有生產經驗的親朋好友討論……所有可能會發生的情況，你都想要弄清楚。

其實，「育兒」這項挑戰，很可能會在你的心理與情感上帶來強大衝擊。你會想起一句很老的廣告詞：「我是當父母之後，才學會怎麼當父母的。」然後你會發現：好像是如此。

在你的人生經驗中，從來沒有一個時候像面對這個新生命一樣，為你帶來這麼多的複雜感受：你不只即將完全為這個脆弱的生命負責（最基本的負責就是寶寶的存活與安全），這個社會還會期待你知道該如何安撫他、帶養他與教育他，讓他日後可以對社會有所貢獻。

著名的發展心理學者丹尼爾．史登（Daniel N. Stern），曾經說過懷孕期的父母其實同時孕育著「三個成長中的對象」：

1每日在子宮成長的胎兒（fetus）本身

2在心理層面逐漸滋長的父母（parenthood）這個角色

3在想像層面不斷被雕塑的寶寶（your baby）

他發現，通常在懷孕滿三個月前，準媽媽們會想辦法讓自己不要沉浸在太多的想像之中，這可能是因為需要確定胎兒能存活下來。對大部分的準媽媽而言，通常是在懷孕初期的害喜情形消退後，對寶寶的想像才會開始萌芽。你會努力地想從超音波螢幕上辨認出寶寶的手腳，你會想像寶寶的性別，會想像寶寶比較像誰，或是試著將自己和伴侶的五官排列組合等等。和伴侶一起編織著這些想像，也會讓你開心。

到了懷孕四、五個月的時候，當準媽媽們可以感覺到胎動、嘗試和爸爸或親人分享這些經驗時，對寶寶的想像就會開始加入其他性格上的特質。例如，有的父母會覺得寶寶活動力強像爸爸，以後運動神經可能會很發達；有的準媽媽會以寶寶的星座落點，來臆測孩子的個性會如何等等。

給寶寶愛，而不是給寶寶思想

對寶寶的想像，也牽引著你自己內在滋長中的父母角色。你會開始想像，如果寶寶比較好動，等他大一點，你會帶他做什麼活動，或是學什麼運動。在知道寶寶性別以後，你會發現你對寶寶的想像，會讓你更清楚地看到你自己生命中所在意的特質，比方說，如果你希望他長得又聰明又帥，帥氣和聰明其實就是兩個你在意的特質。

在這些豐富的想像中，你會清楚地看到自己的希望、對孩子的期待，甚至是你對生命本質的恐懼或擔憂。在懷孕的整個過程中，你會問自己很多問題：我的孩子會健康嗎？我的孩子會乖、會好帶嗎？我希望自己可以比我父母做得更好，但我會是什麼樣的父母呢？我的孩子長大後，會是什麼樣的人？你甚至會想像著，寶寶降臨會不會對你的婚姻帶來重大的改變？寶寶會不會成為一個競爭者，去競爭著另一半的關愛與注意力？

別擔心，其實沒有所謂正確與錯誤的想像。以上這些想像和困惑，就算夾帶著擔心都是健康正常的，每個人想像的次數和總量的多寡，也都不盡相同。所以，從懷孕開始，你可以觀察到，即使別人跟你分享再多的經驗或做法，沒有一個人會跟你一模一樣。你是獨特的，你有著從出生到現在獨一無二的生命經驗，所有兒時被照顧的記憶，或是因為愛而受過的傷，在過去的二、三十年裡都雕塑著你的獨特人格，而這一切都被統整、淨化，最後留下來獨一無二的生命智慧，將慢慢地在你的滋養之中一點一滴地傳承給你的孩子。

你的寶寶是獨特的，因著基因的承傳，他擁有自己先天的氣質——活潑的、安靜的或是堅持的——這些先天氣質，都將影響你如何和他互動。

他擁有自己生命的方向，將來有一天你會明白，你的準備和帶領，只能走到某個極限，就像是紀伯倫（Kahlil Gibran）在《先知》（*The Prophet*）裡談子女時說到的：「你可以給他們你的愛，卻非你的思想。因為他們擁有自己的思想。你只能圈囿他們的身體，而非靈魂，因為他們的靈魂寓居在明日的住所中，而那不是你所能觀覽的地方，甚至不在你的夢中。」因此，這是一場獨特個體之間的相遇，不同的是，你們的獨特會互相影響對方，凝聚出屬於你們之間特有的默契與情感。

此外，你的身體對於懷孕的反應，通常也會和其他人或多或少不一樣，你擁有的支持資源、生活壓力，也和別人不同。所以，當你或伴侶在懷孕時感到困惑茫然，甚至過於勞累時，請記得：所有生命中的新挑戰，成功都是緩慢累積、不斷嘗試得來的結果。記得容許自己摸索，容許理清複雜的感覺，從這裡開始思考最根本的問題：「我可以為自己做什麼，讓自己在此刻的狀態裡感覺更好一點？」

滋養寶寶，也滋養自己

史登博士曾指出一個很有趣的現象：在孕期約七個月時，準媽媽們會開始解構對寶寶豐富的想像。如果有任何想像，媽媽們會在這段期間，讓想像和自己有更多連結。就像是一頭母獅子鞏固自己的領土般，準媽媽們會解構掉寶寶可能「會像誰」或「有誰的人格特質」，開始建立起「我會是最了解他的那個人」的念頭，並將更多時間用來準備讓自己能更順利地生產。

這是很正常的，因為第一次的相遇即將來臨，過於豐富的天馬行空可能帶來和現實不符合的衝擊。所以準媽媽們會在這時逐漸屏棄各種假想與臆測，準備好迎接與寶寶真實的第一次見面。

這種解構（或者說進入某種「排他性的想像」）能幫助準媽媽對寶寶開始建立一種心理連結：這是屬於你們兩個人的旅程，你們將會一起面對。這樣的連結，幫準媽媽在心中預留了一個空間給寶寶：寶寶開始正式以「另一個人」的形式，存在於準媽媽的想像裡。換句話說，在心裡，準媽媽們練習著思考寶寶與自己狀態的關聯，例如在懷孕最後幾週肚皮硬硬的時候，她們會發現自己開始跟肚子裡的寶寶講話，猜想寶寶做了什麼動作。這樣想像寶寶的狀態，能在日後當寶寶終於出生時，幫新手媽媽更敏銳地去觀察及回應寶寶。

換言之，懷孕時期對寶寶的種種想像，是父母給予寶寶情感的基礎。這些心理預備是重要的，因為當寶寶來臨時，我們要面對的不只是育兒責任與日常的瑣碎雜事，更要面對所有關係的核心本質：「該如何給予？該多親密？如何保有部分自我，以及感覺自願主動且甘之如飴？」除了確保孩子順利成長以外，你也希望在頭幾年能享受當父母的生活。

有一件事，我可以確切地告訴你：寶貝們健康的心理發展，和父母的心理狀態息息相關。父母（或其他照顧者）日常的帶養互動，將幫助孩子組織他們對這個世界的觀感，在進入團體生活之前，你就是孩子的全世界。

帶養孩子即將提供一個機會，一個無與倫比的機會，讓你循著血緣脈絡將你的過去、現在及未來做整合與修補。照顧脆弱的寶寶，能攪動出許多模糊的記憶與感受，讓你回想、思考、調整和改變。

這當然是一項很大的挑戰，但更棒的是，在做這一切的同時，你不只滋養著一個新生命，也會滋養自己。在參與你所有的整合和調整後，這個新生命會努力儲備養分，日後以他的能量積極參與這個世界，給予這個世界。

胎教，就是教準媽媽保持愉快的情緒

曾有許多研究發現，懷孕時的心情，尤其是最後一個孕期，對於增強寶寶某些先天氣質有很大的影響。不只因為負面情感和荷爾蒙分泌是互相影響的，生理上因著情緒而起的變化，也可能會改變子宮內部的環境，影響寶寶的情緒。所以**研究顯示，懷孕後期心情憂鬱，工作或是生活壓力太大的準媽媽，產下的嬰兒哭鬧不停的機率較高。因此，若以心理與情感發展層面來看所謂的「胎教」，其實指的是懷孕的準媽媽在身體與心靈上都要盡量保持正向愉快的情緒。**

要保持正向的情緒，需要足夠的睡眠、適度的運動及充足的情感支持，這些都是大家知道的，但執行起來的確有實際上的困難。尤其在最後一個孕期，光是半夜跑廁所，或是寶寶有時壓迫著神經的身體疼痛，就可能無法讓準媽媽們有充足的睡眠。每天忙碌的工作步調、早晨的通勤與辦公室的人際關係或工作壓力等等，都有可能影響到你能否適度放鬆。

很多外在因素是你無法改變的，因此最容易的方式，就是調整你自己內在對這些壓力的定義，試著用不同的角度來看同一件事。

例如下回當你面臨壓力或挫折時，可以嘗試下列幾種自我對話：

1這個壓力的出現，真的是我所想的原因嗎？

2這個挫折之所以發生，有多少比率真的是我該負責，下次應改善的？有哪些是跟運氣不好或其他人不合理的期待有關？

3這個壓力或挫折，是否值得賠上我一整天的心情，以及下班後跟另一半相處的時光？

4現在這些挫折看起來很糟，在一週後或是一個月後，還會如此嗎？

5接下來，該如何處理這個挫折或壓力？

你可以找信任的人，分享自己的心情並討論接下來的因應方式。這個人可以是好朋友、好同事或伴侶，當對方可以耐心傾聽、同理你的感受，並且和你討論如何處理後，你的情緒就會好一點。如果你能結合心情的傾訴和適度的運動（例如邊走路邊聊），對於心情的恢復或晚上睡眠品質都會有幫助——當然，對肚子裡的寶寶情緒能否平穩也有很大的影響。

寶寶也需要來自爸爸的滋養

其實在懷孕過程中，準爸爸也扮演著非常重要的角色。

在一般傳統家庭狀態裡，媽媽是日後的主要照顧者，但其實就算爸爸平常很少在媽媽和寶寶身邊，卻不等於對寶寶沒有帶來影響。通常當爸爸可能因為工作忙碌而在親子互動中缺席時，媽媽往往會在跟孩子遊戲或互動時，不自覺地透露自己對爸爸的想法，進而影響到寶寶心裡對爸爸這個人或這個角色的理解。

同樣的，爸爸心裡如何想、如何定義另一半的角色，也會影響寶寶對媽媽的理解。更不用提孩子到了兩、三歲，開始進入對性別的認識與好奇時，父母雙方所提供的角色基模有多重要了。因此，如何在這個三角關係裡去理解爸爸和媽媽角色的運作，對於嬰兒們開始建構自我的概念，理解自我在家庭關係裡的位置，有著高度相關性。

相較於媽媽們，爸爸們面臨的是一個截然不同的大挑戰。爸爸們沒有任何的生理變化，來對寶寶產生虛構的想像，所以要進入爸爸這個角色、開始想像寶寶的存在，是相對比較困難的。對爸爸們而言，比較容易觀察到的，可能是另一半在懷孕後的情緒以及生理變化。有時，準媽媽如果在懷孕時面臨健康問題，準爸爸可能對懷孕有著複雜的感覺：擔心懷孕過程是否會為另一半帶來較永久的傷害。在某些極端的例子裡，他們甚至會面臨「是否最後需要在媽媽與寶寶之間二選一」的煎熬。無論懷孕的過程是否順利，準爸爸們都很容易覺得自己使不上太多力，幫不了太多忙。

和我一起工作過的爸爸們，經常分享他們的經驗。有時候，懷孕的伴侶會對他們發脾氣，責怪他們沒進入狀況，或做得不夠多。有的爸爸會擔心寶寶獨占太太，從此兩個人的甜蜜生活會被小寶寶拆開，然後因為這種來自淺意識的擔心，讓爸爸們不自覺地變成另一個小孩，跟新生的寶寶競爭。於是，婚姻品質便開始和以前不一樣了，失落感與挫折由此而生。對大多數的爸爸們而言，真的是在第一眼看到出生的寶寶後，才開始對當爸爸有真實的感覺，也因此往往有一種不被懷孕期間的妻子理解的挫折。這裡，我想給爸爸們一些建議：

1 試著了解太太懷孕時面臨的生理挑戰。

2 如果可以，盡量參與太太的產檢，並和她分享她的情緒或任何擔憂。

3 開始嘗試誠實的溝通，聊聊對彼此的期待，適度地揭露自己即將成為爸爸的感受，或對婚姻生活改變的想像。

4 開始嘗試調整工作與生活的壓力。

5 照顧自己的情緒，如果可以，抽出時間跟懷孕的太太一起適度紓壓，例如運動、聽音樂等。

6 在產前一個月主動開始打包太太生產需要的物品。

7 坐月子的方式，除了經濟上的考量，盡量選擇可以讓太太心情放鬆的方式。如果長輩希望幫忙，你要先考慮太太和長輩的關係品質，別讓坐月子成為另一個讓你成為夾心餅乾的家庭挑戰。

8 為即將到來的生活改變做好準備，不管是和有經驗的朋友聊天，或是自己吸取新知，都會有所幫助。

爸爸的角色是不可取代的。在和另一半的親密關係中，爸爸提供的穩定情感，是餵養準媽媽們情緒平穩的食糧。

很多爸爸常常低估了自己對胎兒心理健康的影響力。其實，當準媽媽被另一半情感滋養的同時，她們會更有能力將溫暖的情感滋養給體內的胎兒。**夫妻兩人之間的誠實溝通與互相體諒，是孕育溫暖情感的最好方式。我非常建議夫妻兩人以角色互調的方式，來感受對方的壓力、困難和情緒。**你會發現，一起平安經歷懷孕後，你的婚姻關係會更堅韌，你們因為互相支持與體諒，而加深了彼此的感情。孩子還沒來臨，你們已經從這個共同經歷裡開始試著成為一對立場一致的父母了。因此，從互相參與及分享彼此的感受，到談論即將到來的轉變，甚至是照顧嬰兒的分工等等，都能讓你們更有把握迎接寶寶正式降臨的那一天。

如果媽媽是單親狀態，那麼可以由親人或身邊最親近的朋友來代替爸爸的角色。畢竟，正向的情緒支持對孕婦是非常重要的。

父母們保持愉悅的心情，有時跟身邊的「支持因子」與「耗損因子」有很大的關係。有時候，懷孕會為你的健康帶來一些挑戰，而在懷孕時期往往也會同時出現一些無法避免的重大改變，例如搬家、換工作，以及伴侶之間關係緊張等等，這些耗損因子很容易占據你的腦海，影響你對寶寶的想像。

覺察這些情感，並試著提醒自己將這樣的擔憂與焦慮適時釋放出來，是非常重要的。任何形式的釋放，對轉換這些負面情緒都有幫助：聽喜歡的音樂、假日出外走走接近大自然、做些簡單的運動（走路或游泳都是不錯的選擇）、和可以信任或支持你的人聊一聊，或是藉由接觸宗教或相關書籍等等做法，都能轉換心情。

懷孕就像各種人生體驗一樣，美好的和不愉快的往往可能同時並存。在現實生活中，「值得與否」的答案，通常取決於正向情感與負向情感的拉鋸。所以不要想要消滅那些負向的感覺，因為它們本來就存在現實裡。想辦法去消化這些給你負擔的情感，因為你每一次努力消化，就能讓你的情感更平穩，寶寶在子宮內生長的環境也因此更理想。當寶寶接收到的是平順的滋養，自然不會經驗到太多負面情感，而影響了先天的氣質。如果你希望寶寶日後比較乖比較好帶，你自己維持平穩的情緒，絕對是很重要的一件事。

可以想像，但別過度想像

要記得：這個世上沒有完美的父母。原因很簡單，因為每個人對於完美都有不同的想像。所有你讀過的親職書，不管作者的經驗多麼珍貴，都不是你自己的經驗。你在寫你人生的書，當父母是其中一個大章節。當你尋找懷孕意義的同時，你也在寫寶寶的人生書。

不可避免的，通常我們對寶寶的想像很容易受到社會大眾對「可愛寶寶」的期待，或是媒體大量放送溫和寶寶的影像所影響。寶寶睡著像天使般的樣子，或是寶寶可愛笑咪咪的樣子，都是準父母們常有的想像之一。但要注意的是，那些過於美好的幻想，很容易成為父母不切實際的期待，一旦日後寶寶不能如預期的好帶養，父母因之而來的挫折感，反而容易影響親子關係的品質。

總之，嬰幼兒心理的發展在懷孕的那一刻已經開展。是的，這條路很漫長，但是很快的，你會在寶寶的凝視中，看到無條件的愛與信任。德蕾莎修女曾說：「我們無法做很偉大的事，但是我們可以帶著偉大的愛，做微小的事。」教養孩子絕對是細瑣無比的事，但這件事可以讓我們經驗到自己內在懷有偉大的愛！

帶著對寶寶的想像，以及為他預留的心理空間，讓我們一起展開這趟發覺愛的旅程吧！

2

終於要見到寶寶了……
然後呢？

該如何和老公分工照顧小孩這件事？
想請育嬰假又害怕會丟飯碗？
寶寶給別人照顧，會不會遇到不好的保母？
沒有自己帶孩子，讓我覺得自己是個不夠負責的媽媽？
如果選擇在家照顧小孩，
我害怕自己會永遠變成主婦，和社會脫節？
在家照顧小孩讓我覺得壓力很大，
我怕我沒把小孩教好？
到底要選擇托嬰中心或是拜託長輩照顧？
托別人帶的寶寶，
長大後心理是不是會比較不健全？

對於新手爸媽而言，迎接新生命的喜悅，通常伴隨著負擔。尤其在第一次將脆弱的新生寶寶抱入懷裡時，會讓我們深深經驗到這一點。

在待產前，你和伴侶一定會開始討論：要自己帶，還是找保母？要回去上班，還是請育嬰假？現在的父母在托育與帶養上有了更多的選擇，但也因此有了更多抉擇上的困難。所以在這一章，我希望可以和你一起從心理健康的角度，來思考做這些決定時該注意什麼。

首先，誰來照顧寶寶？這個問題衝擊的面向是廣泛的，包括你們夫妻倆的經濟狀況、生涯規畫、彼此對婚姻裡角色的期待、對自己身為父母的角色認同、夫妻之間責任的協調、願意接受多少生活型態的改變等等。誰來帶養孩子這項挑戰，最後總會因為每個家庭獨特的情況而有不同的結論。在這個決定上，沒有所謂對或不對，只有整個家庭如何平衡分工，因應調整。因為要帶出一個心理健康、情緒平穩的寶寶，的確需要整個家庭的團隊合作。

從寶寶的心理發展角度考量，你與另一半討論時不妨花點時間評估以下幾個重點。

安全的依附關係，是給寶寶最好的禮物

首先，親自餵母乳和親自帶孩子是很值得的。親子感情，跟任何親密關係的發展是一樣

的：**親子感情的深厚度，和良性相處的時間成正比**。所謂的「良性相處」，講白了就是在帶養孩子時，爸媽的情緒是平穩的，覺得自己扮演爸媽這個角色是很值得的，能夠和孩子有一個雙向的溫暖情感交流，親子雙方都能享受親子相處的時光。因此請務必注意：良性相處，是最重要的衡量點。倘若親自帶養會給你們帶來許多焦慮或不愉快，例如經濟上的不穩定感，那麼親自帶養就不見得是最好的選擇了。

為什麼良性相處那麼重要呢？發展心理學的範疇裡有個重要的理論，叫做「依附理論」，從六〇年代至今，不管是腦部神經或是行為發展理論，都大量奠基在依附理論之上。依附理論告訴我們，嬰幼兒要能身心健康的活著，他必須在出生後和一、兩個固定的成人建立起特別的依附情感，由照顧者給予嬰幼兒們持續的情感關注（愛與溫暖），而這包括照顧者可以試著理解孩子、包容孩子的情感、解讀孩子行為背後的真正意圖，以及跟孩子一起解決問題等。**在依附情感中，會看到成人自發性地和孩子有大量的正向情感交流與互動，並在日常照顧中，提供「一致性」及「孩子可以預期」的常規與教養。**

在這些日積月累的互動裡，孩子逐漸勾勒出一個自我感的輪廓：我可不可以相信，這個世界有在關注我？我可不可以相信，世界會了解我並且幫助我？我是否覺得我有價值，值得別人愛？這個模糊的自我感持續累積下去，就會影響孩子日後的人格發展，甚至影響孩子長大後與他人之間的親密關係。當孩子有足夠安全的依附關係時，他會開始覺得安全，覺得有自信，甚至相信起自己的內在有好的一部分可以給予這個世界，於是創造力湧現了，對世界的愛與關懷也會開始展現出來。

安全的依附關係，是爸媽（或任何照顧者）能送給孩子的最好禮物。在安全的依附關係裡，孩子們有自信，對世界充滿興趣，能夠同理他人的感受，積極快樂而且擁有較高的挫折容忍力。而能否與孩子建立起依附情感，靠的是良性相處的累積。

所以，若經濟許可，在決定要不要請育嬰假前，先問問你自己：是否願意暫離職場，整天和孩子在一起，以他的需求為優先來安排自己的生活？這樣的改變，你是否覺得值得？你可以和曾經歷過這個歷程的親朋好友聊一聊，幫助自己建構一下對這種生活的準備，了解自己的作息要如何因應嬰幼兒的作息來做調整。有這樣的準備，在接下來的日子，親自帶養孩子的辛勞就會比較容易被你咀嚼，你也比較可以享受這段特別的親子時間。

如果你們的選擇，是在寶寶生命中的頭幾年親自帶養，那麼你們將邁入一個很特別的體驗，一個在幾年內從無到有的體驗。這個剛出生時軟趴趴、皺巴巴的小嬰兒，會在三年內變成一個有自己主見、可以用簡單話語表達、充滿活力、有能力與精力學習的小人兒。當然，哭鬧免不了穿插在他可愛的童言童語中，你長期的疲倦，也會在每天孩子睡著後湧現。但是當你在每天生活的瑣碎中，見證他神奇的成長歷程時，時間會開始緩慢下來。你不用再趕著完成你被交辦的事，在慢下來的時間裡，你和你的寶寶將一起發現——對你而言，是「重新發現」——這個世界的一切。

對寶寶而言，所有體驗都是全新的，而你除了滿足他的基本需求外，還擁有另一項偉大的任務，那就是：將地球上的一切，介紹給這個剛降臨在世上的小小人！你會花時間，告訴他現在發生什麼事，以及為什麼你會這樣做。你有足夠的時間，觀察他的天生氣質，去想他和你有什麼不同，跟你小時候或是你的伴侶小時候有何異同。你有時間嘗試不同的安撫形式，慢慢累積經驗來了解如何安撫他。在這樣的陪伴中，和你的互動就是寶寶最好的全腦開發，寶寶的心智發展會因著你給予的愛與互動，有了豐富的刺激；而你也在不斷地嘗試建構當父母的信心，以及當父母要具備的直覺：我了解我的孩子。

沒有人說這是件簡單的事，但絕對是件很值得的事！

我知道你很累，讓我幫幫你……

當然，雖說是「自己帶養」，但其實你需要一個「家庭團隊」的協助才行。許多人認為，有了孩子後，一個家庭會更堅固，因為夫妻兩個人開始分享「孩子」這個共同的責任。為了嬰幼兒的帶養以及促進孩子心理健康，我們應該調整傳統社會「男主外女主內」角色分明的分工，因為許多近期研究都指出，若父母一起參與帶養的過程，更能提升孩子的發展與親子關係。

道理很簡單。第一，爸媽共同帶養，壓力可以分散，當一方太疲倦時，可以有人接手。第二，爸爸可以提供給孩子的情感與文化刺激，通常和媽媽所給予的不同，而在更豐富的互動中，若嬰幼兒可以在和爸媽的安全情感裡經驗到更豐富更多元的刺激，對於嬰幼兒的腦部或是全面發展，一定是很有幫助的。第三，由於爸媽共同參與育兒，對提升婚姻的堅韌度有很大的幫助，在協調與妥協的過程中，你和你的伴侶面對著每日育兒的挑戰，可以真實地創造著屬於自己「家庭」的核心本質。

那麼，應該如何談寶寶出生後的照顧分工呢？首先要考慮的，是基本功能運作——家裡的經濟情況，如何平衡收支。若有一方要留在家裡帶小孩，在收入減少的情況下，夫妻倆可以觀察一下日常的花費，談論在未來帶養孩子的這兩三年，支出型態如何因應與調整。經濟上能確保穩定，爸媽也才能安心自己帶養孩子。

其次，是所有責任的分工。在討論家庭責任分工時，建議雙方花點時間回憶一下，雙方原生家庭的長輩以前是如何分工的。原生家庭的角色分工，會潛移默化影響你們如何看待育兒這件事，也會影響你們對伴侶責任的期待。比方說，如果你的另一半是在傳統環境長大，育兒家務等責任總是他的媽媽單獨扛起，他可能早已習慣這個模式而根本不知道如何調整。我所經手的臨床案例中，就有過爸爸因為不能分擔家務與育兒工作，而造成婚姻破裂的情形，在進一步的了解之後，我們發現，這位爸爸來自一個很傳統的家庭（不允許男孩進廚房），而他太太卻要他在寶寶出生後分擔所有家務，於是造成了很大的摩擦。

倘若這像是你要面臨的情況，我的建議是：家務或責任的分擔，需要循序漸進。因為，他有他習慣的模式，不見得知道要如何調整或做些什麼來符合你的期待，因為過去從來沒有人給過他機會學習。當然，「過去從來不做家務」不應該成為不調整的堅持，但是不事先好好溝通就抱怨或感覺挫折，那對另一半也未必公平。所以，建議你們可以聊聊：

1 對彼此角色的期待。

2 試著將所有責任寫下來，並區分為與帶養相關及其他家務兩類。

3 針對具體的帶養責任（例如寶寶半夜醒來），想想彼此可以如何分工。例如，可以分為週間和週末，或是上半夜、下半夜輪替等等。

4若伴侶真的堅持你主責帶養，那他可否在其他家務上協助你？

5若他無法持續協助，是否有其他資源可以運用？例如一週有幾個小時請人到府清潔環境，雖然這是一筆多出來的花費，但是至少你們兩個不會因為打掃的事而煩心，甚至弄到關係緊張。而且，相信我，大約接下來的四五年，你的房子都會是處於無法整潔的情況，這是每個有嬰幼兒的家庭必經的歷程。所以，千萬不要因為打掃而讓彼此心煩氣躁。

在兩人進行溝通時，最重要的是互相體諒的心情。在外頭工作的人，可以試著想像整天都要照顧嬰兒的人，完全無法下班，夜裡也無法好好休息的長期疲累（如果想像不出來，建議週末讓對方嘗試照顧一天一夜）；留在家裡的人，可以試著想像外出工作一天要承受工作壓力外，回家還有更多事等著自己的感受。

在我自己帶養兩個孩子的日子裡，常常很疲倦地迎接下班的先生，看著他一臉疲憊，會因為不忍心而告訴自己再多撐一下。但是我之所以每次都能夠再多撐一下下，是因為我的先生總是在稍事休息後，就會過來幫我分擔家務，讓我可以喘一口氣。對自己帶養孩子的媽媽來說，能夠好好按照自己的時間洗個澡，是件很奢侈的事。所以帶養寶寶，真的是兩個人感情成長的最佳試煉，也是培養默契的大考驗。

以一個過來人的身分，我想跟你分享的是：如果夫妻情感上能互相支持，情緒平穩地帶養孩子，沒有人會因為過度疲累而對寶寶發脾氣或不耐煩，寶寶的情緒就會是平穩的。在很累的時候，記得提醒自己：這樣累人的日子一定會過去，現在打好基礎，帶養孩子就會越來越輕鬆。等孩子漸漸長大，能為自己做的事越多，依賴你的程度就越少，所以最累也就是前面這幾年。在孩子上大班之後，一直到孩子進入青春期前（青春期可以是另一本書的主題），會有一段平順的好日子等著你。然而，這一切都是環環相扣的，要能夠運用自懷孕起就建立的心理空間來理解寶寶的情感，夫妻兩人就必須擁有能夠互相支持的堅定情感，來幫助彼此平穩情緒。

給阿公阿嬤帶很好，但一定要重視團隊精神

除了自己帶養外，通常最常見的方式是託付給長輩帶，有些爸媽會拜託長輩幫忙帶孩子，因為自己的親人總是比陌生人來得放心一點。

從促進嬰幼兒心理健康的專業來考量，假如你選擇託付給長輩帶養，那麼你的第一個要

務就是：一定要協助阿公阿嬤，讓他們在帶養孫子的時候，身體不要過於勞累，情緒能夠平緩，不要因為帶孫子而出現健康問題，或是因為無法好好休息而擔憂起自己的健康。否則當這些生理狀況影響長輩的情緒時，就會進而影響他們的日常生活，也影響了孩子的帶養。

記得替長輩多想想，連保母都能在晚上休息了，而你的長輩們還得日夜幫你看顧孩子，所以要多關心或盡量抽時間分擔。就算長輩們不說，他們的體力本來就比年輕人差，長時間的日夜疲倦，真的可能會對健康有影響。

這種隔代教養，通常在第二年開始會出現一些波折。當嬰兒開始變成活動力超強的幼兒時，長輩們通常會覺得在教養上力不從心。這個時候，身為父母的人要記得在陪伴孩子的有限時間中，進行大方向的行為規範。最好的方法是和長輩形成一個帶養團隊，針對幼兒的探索行為、禮儀、安全等議題，雙方溝通出一個教養共識。倘若雙方想法落差太大，也要在尊重長輩的前提下溫言解釋，告訴他們帶養態度不一致，會對幼兒的學習沒有幫助，看看能否討論出一個折衷方案；反之，雙方處理態度類似或一致，幼兒的生活常規就比較容易被建立起來。

當然，如何和長輩們溝通也是一門藝術。有的長輩較強勢，習慣干預爸媽的做法；有的長輩則會以「為你們好」為由，逼得你喘不過氣來。但不管如何，在兩代一起帶養孩子的過程中，經常性地表達關心或真誠溝通，都有助於你們同心協力來帶養你的寶貝。假如你覺得和長輩溝通不容易，有幾個方式想建議你：

1請另一半出馬。如果長輩是對方家人時，盡量由另一半出面負責溝通，畢竟他們原本就是一家人，有著原生家庭習慣的溝通模式，這樣可以避免不同的溝通方式可能造成的誤會與不舒服。

2請出「專家」。比如你可以這樣說：因為我是第一次帶小孩，所以看了幾本書或聽了演講，專家說帶孩子時要注意……，我們一起試試看好不好？避免直接以「我」的主觀意見來評論長輩的帶養方式（例如，避免使用「我覺得你這樣不對或不好」的評論式開頭）。

3雙方各退讓一步。想辦法讓雙方在日常常規上的帶養盡量一致，比如孩子在長輩家時早早就上床睡覺，回你家時就不能跟著你們一起晚睡。如果雙方很難達成共識，就各退一步，採取雙方都勉強能接受的折衷方案，讓彼此的帶養方式差距不要過大。否則一旦孩子感到無所適從，就無法建立安全感。

總而言之，能固定被兩三個照顧者輪流帶養，而且這些照顧者能夠形成一個彼此信任的團隊，嬰幼兒通常比較容易進入安全的依附關係。研究更指出，新手父母假如能夠擁有一兩個固定的替手來輪流照顧寶寶，情緒上會更平穩放鬆。以我來說，當初在帶養孩子時，很慶幸能有媽媽幫忙照顧，讓我們可以喘口氣，有突發狀況時，也知道隨時有人可以無條件伸出援手，那種安心感幫助我們安穩度過了那段照顧孩子的忙亂歲月。

找保母也不錯，但你最好能……

第三種決定，就是托育，包括托嬰中心或是請保母。若你在慎重考慮後，決定請他人幫忙帶寶寶，那就請你要相信這是對你的家庭最好的決定，不要因為不能親自帶養，而覺得自己不是夠格的好父母。以嬰幼兒心理健康的角度來思考這件事，有幾點建議如下：

1平均照顧比：不管是保母或托嬰中心，這都是你在選擇托育對象時，最直接也最重要的觀察指標，因為這關係到照顧者的身心是否健康。身體過度勞累一定會影響心理的情緒與壓力，同樣的，心理如果過於焦慮也容易影響到生理健康。當照顧者分身乏術時，身體狀態與情緒都會不穩定，在照顧嬰兒時就不會有耐心及敏銳度來適時回應寶寶的需求。

2愛心很重要：照顧者在日常照護時能否傳達關愛的感覺，對寶寶心理的健康養成很重要，因此在選擇托育對象時，最好多多觀察照顧者與嬰兒的互動，選擇有耐心、和善，甚至會對嬰幼兒說話或微笑的照顧者。

3建立良好的信任關係：托育後，爸媽要跟主要照顧者建立良好的信任關係，如果雙方能維繫良好的關係、開放式的溝通，相信在寶寶日常的照顧上會更細微更妥善。

4注意幼兒的分離焦慮：一旦嬰幼兒與照顧者建立起良好的關係後，要把孩子帶離可能會讓孩子感覺失落與受傷。比如孩子滿三歲要上幼兒園了，不需要托育了，此時希望你可以採循序漸進的方式讓孩子慢慢適應分離，也可以偶爾帶孩子回去看看保母，避免孩子在情感上有太大的失落感，形成積壓在內的情感，而在上幼兒園時鬧情緒。

5不要忘了你才是孩子的父母親。不管是誰幫忙你們帶養孩子，他們頂多是孩子生命的重要過客，接下來至少有十多年你們要跟孩子生活。所以在托育期間，要多安排有限的假日時間，以平穩的情緒和足夠的耐心來陪伴與理解孩子。

長期陪伴，對寶寶發展的重要性，是不容小覷的。如燦爛煙火般偶一為之的短暫回憶，對於和寶寶建立關係幫助不大，寶寶需要的是滴水穿石的日常陪伴，需要有足夠的時間來熟悉你的氣味、擁抱及聲音。所以，不管你可以抽出多少時間來陪伴孩子，都要做到經常性及持續性。

許多爸媽會擔心，選擇托嬰中心後會不會和孩子不親。關於這一點，我要跟你分享一些研究結果。幾項長期的研究發現，事前謹慎選擇托嬰中心（請參照上述的觀察指標），事後不隨便更換照顧環境（對嬰幼兒來說，照顧者就是他們所知的世界，換了一個照顧者就像換了一個世界要重新適應，年紀越小就越有可能引發焦慮），每天將寶寶接回家後用心陪伴，週末花時間互動，讓寶寶能在安定與愛的環境下成長，親子關係仍然可以發展得很好，寶寶的全面發展也會很健康。

其實，在我的臨床工作中，經常遇到為了寶寶好而自覺是在做「應該」的事——留在家中親自帶孩子——的父母們，本來是美事一樁，卻往往因為負面情緒累積而逐漸影響到和孩子的日常互動，甚至是夫妻關係。比如說，媽媽覺得長期在家帶養寶寶，犧牲了自我實現的機會，而當這樣的犧牲沒有得到正面回饋或肯定——例如被認為沒生產力，或是小孩有行為問題或很難帶時，就慢慢變成了一種不快樂的自我懲罰。勉強自己待在一個不快樂的狀況，不願尋求支持與協助，對於寶寶的心理或情感發展當然有害無益。因為寶寶每天都會從你那一端接收到情感，不快樂的你，怎能養出快樂的小孩。

無論如何，寬心吧，這是你為整個家庭所做的最佳選擇

請記得，要不要自己帶養寶寶這個決定，不是永遠不能改變的。這是你的人生和家庭，這個選擇需要更廣闊的思考空間。假如你努力嘗試了一陣子後，發現當初的決定不是很理想，當然可以另尋解決辦法。只要你想得夠清楚，並和伴侶仔細討論做妥善的安排，一定能為帶養寶寶找出一條最適合全家人的路。

我希望你們明白的是：無法親自帶養寶寶不是誰的錯，你要相信你是全盤考量及討論後做了對整個家庭最好的決定。當陪伴時間的「量」與「質」無法兼顧時，陪伴的品質就更彌足珍貴了。給寶寶品質良好的陪伴，他就會回報給你愛，誰說深厚的親子感情需要二十四小時隨時在側，才能擁有呢？

就如《小王子》一書所說的：「只有用心靈才能看得清事物本質，真正重要的東西是肉眼無法看見的。」寶寶們需要的物質其實不多，但需要你付出平穩正向的情感，來為他創造

一個心靈的想像空間。你在這個空間裡觀察他、思考他、理解他，幫他邁出心理和情感健全發展的每一步，而這個過程，早在你們第一次見面時就邁出了第一步了。

為人父母，沒有所謂標準答案，每一個歷程就算不臻圓滿，都是你在當下認為最好的選擇。所以倘若你回頭看，發現有些遺憾，那麼請記得：親子關係是會流動會改變的，就像所有親密關係一樣，它不會永遠固著在一個狀態中。所以，不管你在孩子四歲以前的哪一段歷程裡讀這本書，我都希望可以幫助你開始思考自己和寶寶的情感狀態是彼此關聯的。寶寶的感情需要被理解，尤其是當他們還無法以語言方式和世界溝通時，情感上的被理解，所提供的是心理上無可取代的安全感與被愛的感受。這個依附帶來的安全感，將深深地影響著寶寶日後所有的人格與心理發展！

3

剛降臨世界的寶寶，心裡想什麼？

新生兒為什麼愛哭？
寶寶哭有不同的意義嗎？
如何讀懂寶寶的情緒？
寶寶心裡在想什麼？
寶寶哭的時候，我該如何安撫他呢？
除了哭，寶寶應該發展出哪些正常的情緒？
我的寶寶脾氣比較差，該怎麼讓他變乖呢？
我不太受得了寶寶的哭鬧，我該怎麼辦？

見面的這天終於來臨了，你們又緊張又期待。你知道你的生活將從此不一樣了。寶寶可能看起來皺巴巴的，柔弱得需要你全心呵護；也可能是哭聲宏亮，精神飽滿地向世界宣告「他降臨了」。不管對他的第一印象是什麼，你們知道接下來的幾年，你們將會把寶寶的需求擺在你們需求的前面。這是一種犧牲與奉獻，是人類物種延續必須發生的歷程，更是每個成人在年幼時經驗到的無條件給予。但是，這不是一件容易的事，因為在升格到這個角色前，除非是原生家庭的結構和一般人不同，否則幾乎沒有任何新手父母有機會練習**「全然地被依賴」與「無條件給予」**，因此對成人的心理來說，帶養脆弱的嬰幼兒是一項空前的挑戰。

抱著新生兒時，你心裡想，如何確保這個脆弱的小東西可以好好吃、好好睡，該排泄的時候排泄，然後可以強壯一點、長大一點。因此，新手媽媽第一個空前的大挑戰，就是餵母乳。今天大家都知道初乳對新生寶寶的健康很重要，所以許多醫院都會幫忙媽媽們嘗試餵母奶。第一次哺乳的經驗每個人都不同，有的寶寶一被放在媽媽胸前就知道要開始吸吮乳房，有的寶寶卻不是如此。就算你之前看了書上了課，但乳汁分泌的感覺是什麼？自己哺乳的方式是否正確？寶寶到底有沒有吃飽？這些疑問，還是會塞滿你的心裡。這個時候要善用專業的資源，可以請醫院中經驗豐富的護士來幫媽媽們練習，或是和台灣母乳協會聯絡，參加母乳支持聚會。

以嬰兒心理健康的角度來看，媽媽們要時時提醒自己：不要太緊張。寶寶會不會吸吮，或是自己會不會哺育母乳，就跟照顧寶寶的其他事一樣，都需要練習。乳量分泌的多寡，通常和寶寶是否常吸吮，或媽媽自己心情是否夠放鬆都有關係，千萬不要一開始就給自己太大的壓力。若是哺育不順而心情低落，記得為自己打氣，吃些可以促進乳腺分泌的食物；如果已經掙扎嘗試一陣子，擔心乳量不夠，請你諮詢小兒科醫師，考慮寶寶的生長是否需要貼補一些配方奶。當然強烈支持親餵的專業人士可能會抗議這個說法，因為泌乳量與吸吮的多寡成正比，但是以心理健康的角度來看，倘若哺乳會造成媽媽強大的焦慮，甚至影響到情緒，那就有可能得到了身體健康，但賠掉了心理健康。有關嬰幼兒餵食的相關心理健康議題，我們會在第八章詳細討論。但是若你對寶寶進食或生長的問題感到擔憂，請你一定要諮詢寶寶的小兒科醫師。

要知道，寶寶心裡正在經歷攸關存活的焦慮與害怕

懷中這個小可愛，接下來的一年，你無法用語言方式來跟他溝通，你能用的方法，除了

肢體的親密安撫外，就是觀察——以觀察來試著理解，想像寶寶在情感上經歷了什麼。

例如我們試著去想像，在媽媽子宮裡的胎兒經歷的是一個情感的「整合」狀態，因為子宮的環境提供的是一種安全包覆的感受。雖然胎兒在媽媽身體裡，也會受到媽媽的情緒狀態或荷爾蒙變化而體驗到不同情緒，不過因為子宮的環境提供了緊密的安全感，胎兒即使是經驗到不同情感，還是可以待在溫暖與安全的環境裡。

英國著名的精神科醫師暨榮格學派分析師麥可·佛登（Michael Fordham）提到，嬰兒的情緒平穩狀態，就是以在子宮裡的整合狀態為基準。當新生兒誕生後，外在環境的劇烈轉變，讓新生兒在產出的當下就經歷到第一個「去整合」狀態。在這個狀態裡，寶寶們經驗到的，是一種攸關存活的焦慮與害怕。

尤其是在出生後的頭幾個月，寶寶的基本能力就只有接收，所以當他們處於這種「去整合」的可怕狀態時，只能用大聲哭鬧的方式來尋求他人注意，希望能夠藉此吸引成人來幫助自己。當外在的幫助出現——例如寶寶藉由被包覆起來，或是照顧者經由撫慰與擁抱提供許多感官經驗的安撫方式——寶寶就能找回熟悉的安全感受，也就是經歷「再整合」的狀態。

其實，寶寶在頭幾個月所經歷的情感，就是這種從「整合」到「去整合」，然後回到「再整合」的循環。外在的環境或是寶寶自己感官上所接收到的刺激，甚至是生理狀態的轉變（例如尿布太濕等），都會讓他們經歷到一種「去整合」的狀態。在這個狀態裡，寶寶會感到龐大的負面情緒，但是他們不知道那是什麼，也不知道怎麼辦，甚至不能理解這樣的情感是會過去的。他們極端依賴照顧者接收自己的求救訊號，一起幫助自己來經驗這樣龐大的情感。

所以，當照顧者無法敏感察覺寶寶的情緒需求，或是無法提供恰當的回應時（例如媽媽有產後憂鬱症等），寶寶就必須自己發展出過於早熟的防衛機轉，掙扎著想要自己排除這樣的負面情緒。所以他每次哭，都像是要哭到天崩地裂似的，甚至在某些比較極端的案例裡，例如美國心理學家斯皮茨（René Spitz）研究孤兒院嬰兒的紀錄片，還會看到寶寶身體僵硬得彷彿是自我凍結的狀態。這些早熟的防衛機轉，日後都會深深影響著孩子的身心發展。所以，如果爸媽們對於自己的情緒狀態有疑慮，務必諮詢精神科醫師或心理醫師。人生很長，每個人在某個時點一定都會遭遇困難，求助是為了走得更順利。

第一次來到地球，不哭才怪

對新生兒而言，**情緒感受通常和身體的感覺經驗連在一起，因此當寶寶的身體從被包覆**

到失去包覆，所經歷的是一種支離破碎的感覺。我們不妨想像寶寶在生產過程的經歷：經過陣痛——無論是透過產道擠壓或剖腹生產——被產出的當下，他所處的環境出現了劇烈改變，這些經驗會帶給他全然不同又複雜的感受。等終於被生產出來後，他失去了子宮的緊緊包覆——這是寶寶第一個從「整合」到「去整合」的經驗。

身體展開的震驚或被拍屁股後，新生兒「哇」的一聲哭了出來。這個全新的體驗，讓他們經驗到「哭」及不愉快的感覺是連結在一起的，同時也經驗到「哭聲」可以用來跟外在求救。大部分的新生兒會邊哭邊被擦拭乾淨，不管接下來是被放在媽媽胸前，或是用棉布緊緊包裹，這些步驟都給了他們溫暖，讓他們透過熟悉的感覺回想起情感的統整：他們安全了，熟悉的感覺回來了！於是，寶寶停止了哭泣。

第一次來到地球的情感經驗很清楚：不舒服，接著是哭，然後神奇的撫慰降臨，回復到統整的安全感。從此，「哭」就成為他們向外界求救的基本模式。當然隨著嬰兒越來越大，照顧者會發現，不同的哭聲可能傳達了不同的訊息，至於如何區辨，就要靠爸媽花時間去觀察與嘗試了。但是從這第一次的經驗中，你可以開始思考，如何提供類似母體的環境，例如穩定的韻律、昏暗的燈光、輕微無意義的噪音等等，來提升新生兒的安全感，讓他們的情緒更容易進入自我統整的熟悉狀態。

在出生後的頭一年裡，親子關係的品質，和爸媽能否順利安撫寶寶息息相關。國外有許多研究顯示，嬰兒大哭時如果一直不能夠被安撫，照顧者的心理焦慮會急速增高，親子關係會開始緊張。有趣的是在某個經典研究中發現，聽嬰兒狂哭會讓照顧者產生生理變化，彷彿進入備戰狀態。該研究還發現爸媽容易將寶寶的哭鬧歸責為心理因素，例如心情煩躁或難帶，而比較少思考寶寶當下的生理狀態或情感需求。倘若嬰幼兒哭鬧頻率過高，甚至有可能導致父母親不當管教。國內有層出不窮的嬰幼兒受虐案件，很多施虐者都表示是嬰幼兒哭鬧不休，他們的情緒被挑起才鑄下大錯。

不是你的耐心不夠。嬰兒持續不停的哭聲，真的會令成人手足無措。嬰兒無法像成人一樣用抽象的語言來傳達自己的想法與感受，所以當成人熟知的安撫策略都無效時，照顧者就像面離危機一樣感覺心理受挫，而在挫折的情緒中，他們還要繼續面對一個無法用語言、只會繼續哭嚎的嬰兒。再加上嬰兒生命的脆弱性，也讓爸媽擔心孩子是否有更嚴重的生理狀況是自己不知道的，有時哭聲更讓爸媽覺得孩子彷彿是控訴著自己照顧不周。種種情緒交相煎迫，挑起了父母親的焦慮。哭聲有時甚至會勾起爸媽對於自己兒時嚎啕大哭的朦朧回憶，攪動出許多分不清是現在或過去的情緒。

當寶寶的哭嚎持續不斷時，大人們複雜的感覺就容易被攪動起來——挫折、生氣、驚慌、擔憂、憤怒、恐懼，這些感覺伴隨嬰兒的持續哭嚎聲，形成了一個迫切需要被解決的危機。通常，人們對危機的處理，要不是正面迎戰，就是逃走（戰—逃反應）。若是正面迎戰，在安撫不成功後，照顧者容易將自己的情緒投射在寶寶身上，以不理性的方式發洩感受。若是逃走置之不理，嬰幼兒只能嘗試用更激烈更持久的哭聲來跟你溝通。因此多方嘗試，找到適合彼此的方法來安撫寶寶情緒是很重要的。

讓寶寶感受到你的理解與包容

我想要強調的是，在寶寶三歲前，成人不應該期待孩子不要哭。一般孩子能縮短哭的時間，是因為對哭泣的演化歷程已經有記憶，或是可以進入簡單的思考歷程。但是嬰幼兒還沒有能力思考，也尚未累積足夠的經驗來理解自己怎麼了，內在並沒有任何記憶可以遵循。因此，在他們能夠自己安靜下來前，會強烈依賴照顧者與嬰兒們一起「共同調節」情感。所謂的**共同調節，指的是成人如何透過不同的肢體安撫方式，傳達關懷與理解的情感，讓嬰兒感受到大人了解自己正在經歷的壞東西（情緒），並且可以平穩地包容自己的情緒**。針對新生兒的共同調節，有以下幾個建議嘗試的方法：

1先想想寶寶可能的生理需要，回應他的需求。

2用棉布或小被子把寶寶裹起來，就像在醫院一樣，讓他們再度經歷統整的感覺。

3環抱新生兒，因為緊緊環抱對大部分的嬰幼兒而言，如同在子宮被包覆著，是熟知的安全感。

4輕輕搖動嬰兒，規律輕柔的搖動，提供的是一種可預期的重複節奏，能幫助嬰兒們安靜下來。

5提供深層的嬰兒按摩。觸覺是人與外界接觸的界線，可以幫助我們理解自己的身體界限。藉由深層的嬰兒按摩，有些不太能忍受被抱著的嬰兒反而能被安撫下來。有關嬰幼兒按摩的學習課程，可和台灣國際嬰幼兒按摩協會聯絡。

6在做以上安撫時，記得用充滿感情的聲音跟寶寶說話，雖然一開始他可能聽不懂，但是你獨特的聲音和充滿情感的語調可以傳達理解與支持給寶寶。

7有時候對著寶寶唱起他熟悉的兒歌，或播放懷孕時經常聽的音樂，對於安撫寶寶的情感也很有幫助。

8有的寶寶偏好視覺上的安撫，你會發現有時候對著他搖搖鈴，或是讓他看不同的物體，或是在燈光較昏暗的房間安撫，寶寶的情緒很快就可平靜下來。

很多時候，當我們試著猜想寶寶正在經歷的感覺時可能會有些困惑，但是不管寶寶的先天氣質如何獨特（甚至是有特殊診斷的孩子），讓大人感到不舒服的情境，一樣會帶給孩子不舒服的感覺。對新生兒來說，有很多不舒服的情境是和感官刺激相關的，例如太冷、太熱、肚子餓、照顧者抱得太緊，或讓他兩腳懸在空中沒安全感……，這些都有可能會影響寶寶的情緒。你可以想像，自己如果在寶寶的狀態裡，可能會有什麼感覺，然後以你的感受開始幫寶寶定義他的情感經驗，嘗試猜測他目前的需要。

當然，沒有任何父母可以馬上讀懂寶寶，你要允許自己不斷修正互動的方法，從錯誤中學習。想要理解寶寶的情感經驗，應該怎麼做呢？

首先，你要把寶寶想成是剛來到地球的外星人，那些你認為理所當然或是不需大驚小怪的事，對他們來說，都是文化衝擊。想像胎兒在離開母體後，必須經驗這個世界千變萬化的刺激，你就不難理解，為什麼有時候寶寶會毫無緣由的，像是突然受到驚嚇般的哭了起來。你也可以想像當寶寶不知道如何思考或表達時，這樣的感受有多麼可怕。你對寶寶情緒感受的理解，是幫助孩子理解自身情緒的開端，透過疼惜的表情、愛憐的語氣，以及各種安撫的手勢或動作來回應寶寶，你們開始進入親子間的共同調節。

在共同調節的開端，父母接收了寶寶在哭鬧中所傳達的情緒，思考寶寶的需要，同時開始消化寶寶的情感，然後用穩定的語調告訴寶寶，他正在經歷的情感。我常鼓勵爸媽們在嬰兒時期就可以開始告訴寶寶，他正在經歷的情感是什麼。例如，你看到寶寶漲紅著臉時，可以如此回應：「小乖乖生氣了，因為便便不舒服。」這樣的回應不斷發生後，假以時日，寶寶就能夠慢慢理解原來每種情緒都是有原因的，而他會預期：「外在世界會幫助我，我的情緒不會一直停留在不舒服的狀態。」

覺察情緒是理解自我心理的第一步，而越理解情緒，情緒這件事就越不可怕。

接下來的共同調節，就包含了上述不同的安撫方法，和寶寶一起面對這些強大的負面情感，幫助寶寶情緒平靜下來。有的寶寶喜歡被抱起來（觸覺輸入），有的喜歡聽媽媽唱歌（聽覺與視覺輸入），有的喜歡被邊抱邊搖（本體或是前庭感覺的輸入），有的喜歡吸吮手指頭（口腔期的自我安撫）。你可以試試你的寶寶喜歡你用哪種方式來安撫。**不管寶寶偏好的是什麼，重點是你會發現：寶寶需要你和他在一起，他依賴你平穩地消化他可怕的情緒。藉由不同感官刺激的輸入及肢體語言，你的安撫能夠如同鏡子般「映射」（reflect）出你對寶寶情緒的同理與反芻，讓寶寶經驗到被理解的感覺。**那種溫柔與理解的包圍，可以幫寶寶調節過度負荷的情感。

當寶寶狂哭，就是你學習了解他的最佳時刻

不要害怕寶寶的負面情緒，在學會更抽象的表達方式之前，他們只會用這樣原始的表達方式和你溝通。愛哭的寶寶未必是爸媽帶得不好，更多時候他們只是勇於表達自己不舒服的感受罷了！如果寶寶在公眾場合驚天動地哭了起來，讓你感到不知所措，記得把他帶到人比較少的角落耐心安撫。不要小看這樣每一次的安撫，經常性的安撫結果是：寶寶會開始明白這些情感不會把他摧毀，多次累積成功的調節經驗後，他會試著學習自己去調節輕微的負面情感，並逐漸學會如何平穩地面對這些感受。

情緒平穩的自我調節為什麼重要？人是情感的動物，我們和這個世界的互動經常受到當下情感的驅使，尤有甚之，各種有意義的學習也需要平穩的情感做基礎。若是負面情緒太過強大，我們的精力就會忙著想辦法修補負面情緒帶來的耗損，以免影響我們的判斷力和注意力。所以平穩的情緒，是確保我們能夠活得身心健康的第一步。

你的寶寶是個獨特的小小人。你所熟知的、你喜歡的，有可能不是他愛的，這不是因為你們不對盤，而是因為他和你不一樣。他本來就跟你不一樣，就像你和自己的爸媽也不一樣。因此在安撫的時候，因應情況嘗試不同的策略，找到適合寶寶的方式是很重要的。不要

慌亂地急著更換不同方式，因為你慌亂下的安撫，是無法讓寶寶感到安全或舒服的。

你的寶寶有他先天的氣質，他不是你的擁有物，也不會一輩子把你綁住永遠依賴你。他有權利在跟你的親子關係中，經驗到一般人應該被對待的方式：被尊重、被傾聽，以及被體認到自己的獨特性等等。

有時你會驚訝地發現寶寶的反應，跟你所臆想的不太一樣，因為很多時候，就算在同一個情境裡，你們的感受也未必一樣。比如說，你明明餵飽了，也幫他換好尿布了，覺得孩子應該要開心了，但寶寶還是顯得焦躁不安。此時，觀察孩子的反應很重要，因為你會運用上一章談到的心理空間，開始想像寶寶還需要什麼，然後試著幫助他——原來他想要打嗝，原來他還想再喝奶……，所以才會焦躁不安。

每一次的思考與嘗試，都是你學著理解寶寶獨特情感的機會。逐漸的，你會發現寶寶情緒表達的微差異：這是厭奶，這是脹氣，這是吃飽後很希望我跟他玩等等。對於自己不同的需求，寶寶會慢慢學會用不同的哭聲、表情或方式來表達。你在挫折中的摸索越能安撫他時，這個漸趨順暢的親子關係會帶給你意想不到的獎賞：你開始從這些成功經驗裡培養出一種理解孩子的直覺。你需要培養這樣的直覺，因為當你累積夠多成功安撫的經驗後，這個父母的直覺讓你能夠對這個角色覺得舒服有自信，這對親子關係的建立非常有幫助。

你會累、會灰心，但絕不等於你就是糟糕的父母

說穿了，親子關係和生命中其他重要的關係一樣：**雙方對彼此的感受，交互影響著此一關係的品質**。因此當你嘗試了許多方式，成功找到可以安撫寶寶情緒的方法時，寶寶能感受到他是被理解的，於是就不需要用哭得更久或是更激烈的情緒來跟你溝通。逐漸的，寶寶的情感起伏就不會太劇烈，因為他只要傳達適當的劑量，你就能理解了。所以，你會覺得寶寶越帶越好帶，雙方都越來越滿意這樣的親子默契，享受彼此的關係。

當你在安撫哭鬧寶寶的過程中，告訴自己下列幾件事是很重要的：

1你需要足夠的時間，一次只專心做一件事，也就是安撫你的寶寶。放慢腳步，試著呼應所有你猜得到的可能需求。

2提醒自己，你在試著了解寶寶，孩子會哭是因為無法說出他的需求。

3你熟悉或你喜歡的安撫方式，未必是寶寶會喜歡的。安撫無效時，有可能寶寶需要的是另一種方式。但也不要急著一直更換安撫方式，要記得，你的焦躁不需透過言語也會傳達給寶寶，你動作的焦慮，會讓寶寶更不容易平靜下來。

4感到挫折時，就換另一半試試。無法讓孩子停止哭鬧，跟你是否是個稱職的爸媽無

關，就算是很有耐心的爸媽，也會遇到孩子不停哭鬧的時候。所以，當自己的情緒無法負荷時，你需要停下來喘口氣。

親子關係是一條雙向的輸送帶，彼此互相影響。在寶寶出生後的頭幾年，我認為當父母最困難的學習是：不應該期待寶寶像其他關係裡的另一方，會懂道理跟你妥協。身為照顧者，我們能做的是盡量去理解他，尤其是他的肢體語言與表情，想辦法試著在寶寶情緒過度負荷時跟他一起調節。其實，仔細想想，人的一生裡也只有嬰幼兒這個階段，可以如此理直氣壯地享受這種無條件的關注與愛。

當爸媽這樣付出及給予時，寶寶的情感會被溫暖雕塑，朝向一個情緒更能自我調節的心理狀態邁進。於是，寶寶學習到他可以信任這個世界，他是個有價值的孩子。

當然，有時候你難免會又累又煩，畢竟你是全年無休二十四小時都得跟寶寶在一起，有時甚至會有些後悔生下他。如果你是晚上或週末才自己帶寶寶，當白天上班累積的疲累蜂擁而至，寶寶又在半夜醒來好幾次時，你也可能會有跟全職父母相似的感受。

我還記得當初自己一邊帶養老大、一邊又懷著老二時，有次連續幾天睡不好，老大又半夜哭鬧，我跟先生兩人必須輪流起來哄孩子。看著身邊因為工作累，哄完小孩倒頭就睡的先生，我睜著眼睛一直睡不著，心裡想著「我真的再也不能像以前一樣睡到自然醒了」，眼淚就不爭氣地流淌了下來。一直到現在，我還是清楚記得當下的心酸與不甘願。即便我自覺有充分的心理準備當媽媽，即便我深愛我的孩子，在那個當下，我還是經驗了因為育兒必須犧牲自我而產生強烈的負面感受。

跟你分享這個看似平凡的經驗，因為這極可能是你也會碰到的：在某個時刻你會疲倦會灰心，你要允許自己有這些感受，並且記得，**這些負面感受不會讓你變成壞爸媽**。帶養嬰幼兒本來就很辛苦，只要你能夠覺察到這些感受，就會知道何時該讓自己喘口氣。你要提醒自己孩子會慢慢長大，你不會永遠停留在這個情緒狀態。如果覺察到負面情緒大到讓你有壓力，要適時將寶寶交給另一半照顧，給自己機會抽離當下的情境，幾分鐘後等情緒平復再回來。這樣一來，你就不會被龐大的挫折壓垮，育兒這件事也就會自然地成為你心甘情願做的事。

心甘情願的心態，對為人父母者有多重要？這樣的感受不但能為你帶來幸福感，更重要的是，這樣的幸福感會透過你的日常照顧傳達給孩子：你學會放慢腳步，仔細又溫柔地照顧寶寶，你不只是滿足寶寶的基本生理需求，更像是一個任務，你會輕鬆自然地和寶寶互動、逗寶寶說話。在這些親密互動中，你的擁抱、親吻、眼神及肢體語言，都是在傳達這樣的訊息給寶寶：「我是值得被愛的！我是最特別的！」這樣的愛，絕對是幫助孩子心理健全發展最重要的基石。

4

你是不是寶寶心中的安全堡壘？

寶寶知道我們是誰嗎？
寶寶的心理是怎麼形成的？
該怎麼帶養出心理健康的快樂寶寶？
對寶寶生氣會影響他的心理發展嗎？
如何觀察我的寶寶心理是否健康？
可以做些什麼讓寶寶擁有安全依附關係，
幫助他心理發展？
心理健康對寶寶的發展有什麼幫助嗎？
心理健康的寶寶會比較好帶嗎？

除了關心寶寶外在的發展，我們也很在意他的內在發展，我們都希望寶寶能擁有健康的身心品質。但所謂「健康的身心品質」，到底是什麼意思呢？嬰幼兒心理，是如何被建構起來的呢？

我們在第二章認識了安全依附關係的重要性，而**嬰幼兒心理的發展，就是建立在嬰幼兒與照顧者的親子關係——也就是依附關係——的品質上**。簡單說，擁有安全依附關係品質的嬰兒，心理發展會朝健康的方向邁進；至於不安全的依附關係，嬰兒的心理會開始發展出許多過於早熟的防衛機轉，影響日後的人格發展。

培養你與寶寶之間的好默契

既然依附關係是主要的基礎，在寶寶出生之後，照顧者和寶寶應該要如何開始建立關係呢？發展心理學家丹尼爾·史登提出的嬰兒發展心理理論指出，媽媽和寶寶之間要進入一個順暢的親子關係，在寶寶生下來的頭幾個月，就要開始培養所謂的「默契」，或是「同調」（Attunement）。

同調，指的是媽媽察覺到寶寶內在情感的需求，然後以肢體語言、彼此交流的眼神或表情，來呈現她和寶寶共同經歷的情感狀態。聽起來似乎不是太困難，做起來卻不見得簡單。有時候，爸媽會因為生活步調或受到情緒影響，容易強化自己希望嬰兒經驗到的事，例如急著出門時，會希望寶寶趕快喝完奶，而一直搖動奶瓶提醒寶寶。這時候，你和寶寶就處於不同的狀態裡，同調很難發生。有時候，你可能因瑣事牽絆，無法在嬰兒給出訊號後去滿足他，例如寶寶一直發出聲音希望你注意他，可是你需要打電話而無暇回應。

基本上，當媽媽（或照顧者）憑藉直覺與敏感度去回應寶寶的求救訊號，結合眼神、語氣、表情及肢體語言，來傳達對寶寶情緒的理解，就是在為寶寶提供很正面的心理成長環境。要做到「同調」，很需要媽媽本身的情緒維持在一個平穩狀態，不會過度緊張或焦慮，這樣才可以看清楚寶寶經歷的情感挑戰和真正需求，然後結合語調與肢體語言的方式來回應給寶寶。

但事實上，所有帶過新生兒的母親都知道，「平穩地回應與安撫」是門大學問！這絕對不是只依靠媽媽一個人的努力就能完成。因為，在經歷懷孕與生產後，媽媽自己也已經蛻變成另一個人——外表上，大部分的媽媽都會希望自己可以回到生產前的身材；心理上，母親的新角色與自我認同，也等著媽媽們整合，再加上，產後荷爾蒙及哺乳或斷奶的荷爾蒙變化，媽媽們真是夠辛苦的了。因此這時候，整個環境（包括先生與其他長輩）對媽媽的情感支持，是很重要的：

1環境需要能夠允許媽媽嘗試與犯錯。

2媽媽也要能夠允許自己嘗試犯錯，接受自己可能偶爾會有的負面感覺。

3媽媽能夠面對自己被挑起的焦慮，尤其是寶寶常哭的時候（前一章有談到嬰兒持續的哭鬧本來就容易引起成人焦慮）。告訴自己我在學習、寶寶也在學習，我們都還在適應對方。

4媽媽允許自己在嘗試的過程中慢慢累積可行的安撫方式。

5當然，生活的各個層面都能有基本的滿足，讓媽媽保持平靜安穩的情緒是不可或缺的。

因此，要培養默契的第一要務，是照顧者自己本身的情緒要平穩。對於媽媽或是主要照顧者，以下建議幾種方式幫你自己維持平穩的情緒：

1有一兩個可以信任的親友能夠諮詢或分享照顧寶寶的大小事。

2結識有差不多年齡寶寶的媽媽，維持一些人際互動。等寶寶們大一點也能一起玩。

3疲累時，能有替換的照顧者。

4若天氣允許，每天盡量帶寶寶出門走走，也讓自己活動一下。

5照顧寶寶若有辦法輪替，建議媽媽出門運動，或是去上個運動課程。運動對於睡眠品質或是荷爾蒙分泌的規律性，都有很大的幫助。

在寶寶心靈深處，你就是他的「安全堡壘」

寶寶在出生後的頭幾個月，看起來對於不同照顧者似乎不會有什麼反應，但是許多發展心理學的研究指出，新生兒其實對於爸媽的聲音和氣味，是有強烈偏好的。寶寶其實認得爸媽，只是一開始還不會用我們習慣的語言表達。在每天的互動中，寶寶會開始累積對照顧者的依附情感。寶寶從固定的日常照顧中，發展出對特定照顧者的信任感及安全感，這是一種互惠式的情感，雙方情感流露是自發性的。照顧者在心理層面成為這個孩子的「安全堡壘」，有了這個安全感，寶寶可以放心地探索世界，從探索中獲得不同刺激幫他成長與學習。

在寶寶發出「我需要你」的訊息後，你這個「安全堡壘」如何回應他，決定了寶寶對你會產生什麼樣的依附情感。寶寶會開始形成自己心裡的「內在工作模式」，在這個模式中，一歲左右的嬰幼兒會開始依照自己內在對你可能有的反應做出預期（依照前幾個月的經驗值），這個預期就會影響他決定自己要如何跟你互動。假設媽媽或照顧者能夠和寶寶同調，寶寶因為可以預期對方會回應，所以他的呼救就不會太強烈，他甚至會先用拍拍手或發出聲音來吸引照顧者注意，而不是用哭喊的方式來表達。

相反的，如果媽媽或照顧者經常無法及時回應寶寶的需求，那麼寶寶就會開始建構出這個世界無法信任、自己必須想辦法，而發展出過於早熟的防衛機轉，不再向外在呼救。有的人可能會認為，這樣正好可以提早訓練寶寶獨立，沒什麼不好的。但是讓我們來想像一下寶寶正在經歷的情感體驗：在一兩歲的年紀，就要試著去解決自己面臨的諸多問題（比如積木掉了，自己卻擺不回去等等），情感上他一定會經驗到龐大的**焦慮**（根本不知道該怎麼幫自己）、**憤怒**（為什麼沒有人幫我或了解我）、**恐懼**（如果我自己也不能解決是不是就完蛋了）等等。當這樣的經驗一再重複，而寶寶沒有足夠的安全依附關係一起共同調節時，漸漸的，寶寶成長中的內在就會形成一種「不信任這個世界」的運作模式；而這樣的內在運作模式會開始影響他的社交，長遠下來甚至影響他的心理健康和人格發展。

你身上披著軟布，還是布滿鐵絲？

在發展心理學裡，有一個很有名的實驗，可以印證親子間的依附關係對嬰幼兒心理發展的重要性。

哈里．哈洛（Harry F. Harlow）博士是美國著名的心理學家，他在一個代母實驗中，把剛出生的恆河猴放入和兩個布偶猴媽媽相通的籠子，其中一個猴媽媽用鐵絲纏繞而成，但有奶水可以餵養；另一個猴媽媽用軟布覆蓋，戴著沒表情的面具，不提供奶水。結果發現，幼猴會整天和溫暖的軟布猴媽媽黏在一起，即使這個猴媽媽面無表情又沒有奶水可喝。小猴們都是餓到不得已，才會過去鐵絲猴媽媽身上喝幾口奶，然後又急忙地回到可以給牠們肌膚接觸慰藉的軟布猴媽媽身邊。值得注意的是，雖然在生長曲線上幼猴們沒有太大差異，但是這些小猴經常會有腹瀉或消化不良的情況。學者推測，這是因為缺乏被撫慰而引起焦慮所致。這些小猴長大後，因為幼時沒有猴媽媽的撫愛，無法社會化及順應自然交配。即使是順利當了媽媽，也不知道該如何養育下一代，造成了永久性的傷害。

這個針對恆河猴的長期實驗，給了我們兩個重要的啟示。首先，它推翻了「有奶便是娘」的說法，以最接近人類的猴子，來驗證依附關係對於嬰幼兒整體發展的重要性。嬰幼兒的心理發展不再起源於滿足飢餓的生存驅動力，對寶寶而言，能夠依附在可以給他撫慰與安全感的爸媽身邊，比實際的餵養更重要。

其次，從該實驗也觀察到，若是年幼時缺乏足夠的母性關照（不一定是缺乏媽媽，而是缺乏「母性關照」），影響是深遠的，甚至可能導致一個負面世代傳承的狀態。相關的實驗影片可在Youtube上找到（Harlow's study on Dependency in Monkeys）。影片中，當這些令人心疼的幼猴被放入陌生情境而軟布猴媽媽不在時，牠們甚至會瑟縮在一旁，害怕地搖動身體，或用力吸著拇指、將身體蜷縮成一團，和一般活潑好奇、四處探索的小猴子形成強烈對比。

哈洛的實驗雖然在今日看來是不人道的，但是他證明了寶寶不只需要食物和安全的庇護所，還需要感到被愛、被接納、被撫慰。這些在依附關係經驗到的情感，對於寶寶日後的社交心理發展，甚至是人格發展，都有不可抹滅的重要性。

給寶寶安全感不難，只要多與寶寶肌膚相親跟互動……

或許成人會說：嬰兒那麼小，腦部發育還不完全，怎麼可能會記得最早期的關係？事實上，這種依附關係並不會停止，它會一直持續，經年累月地影響孩子怎麼看自己，怎麼和世界互動。

那麼，如何能提供寶寶安全的依附關係呢？舉一個簡單的例子：受到哈洛的研究啟發，有一項研究想看看假如增加照顧者和寶寶之間的肌膚接觸，對寶寶的發展會產生什麼樣的影響。在這個研究中，沒有教導任何親職技巧，只提供實驗組的父母一條背帶，讓他們在新生兒出生的六個月內盡量背著自己的寶寶。六個月後，研究人員發現，這些嬰兒因為和媽媽有更多的身體接觸，依附關係發展得比對照組（父母沒有背帶）的嬰兒更好。

為什麼肌膚接觸可以增進孩子的依附發展呢？這主要是因為在接觸肌膚的同時，寶寶可以感受到照顧者的呼吸、溫度及氣味，那是令人安心的熟悉氣味和觸感。媽媽規律的心跳、溫暖的體溫，會讓嬰幼兒感覺到安全、平靜，可以更專注在其他的發展。爸媽多背著自己的寶寶對於培養親子感情很有幫助，當然這只是眾多方式之一，多跟寶寶說話、多跟他玩、對他好奇等等可以灌注愛與關懷的方式，都能有效培養親子感情。

其實這些都不是新知識，有太多的親職專家與資訊都在強調依附關係的重要性。我在此要幫助爸媽的是，如何觀察寶寶在依附關係上發展得好不好，以及自己可以做些什麼來促進親子感情。以下依據美國嬰幼兒心理健康協會（Michigan Association for Infant Mental Health）的出版品改寫，提供一些觀察指標供爸媽們參考：

三個月大時，正在形成安全依附的寶寶會……

- 注視你的臉。
- 對你微笑（有社交目的，為了吸引你跟他做更多互動）。

．除了會哭會笑以外，他還會注意聽不同的聲音。

．大哭時，被你抱起來可以慢慢安靜下來（需要排除有生理狀況的寶寶，例如黃疸）。

促進安全依附關係，爸媽可以……

．在寶寶醒著時，多跟寶寶說話，眼神交流與溫暖的微笑是很重要的。

．唱歌或講短短的小故事給寶寶聽。

．安撫寶寶或多增加肌膚接觸的機會，例如把寶寶背在胸前，或是幫寶寶做嬰兒按摩。

．自然地發出聲音來逗弄你的寶寶。

．當寶寶視線可以聚焦後（通常是在出生第二個月後），可以開始讀故事書，或拿色彩鮮豔但圖片簡單的書給寶寶看。

寶寶出生後的前三個月，如果環境提供的是一個安全依附的狀態，寶寶開始可以在白天醒著時，發展出對世界產生「興趣」的情感，最明顯的例子就是社交性的微笑。寶寶會注視爸媽，對你們微笑，讓你們明白他希望跟你們有更多的互動，吸引外在投注更多注意力在自己身上。以心理上的意義來說，這是對生命或是自我存在最根本的基礎——感興趣，所以我開始感到存在的熱情，於是我願意投注在生命的各個不同層面。

六個月大時，正在形成安全依附的寶寶會……

- 給你溫暖的微笑。
- 高興或生氣的情緒很明顯（生氣時會大哭；開心時會揮舞手腳）。
- 喜歡注視自己的照顧者。
- 和其他的照顧者相比，寶寶出現負面情緒時比較容易被你安撫下來。

促進安全依附關係，爸媽可以……

- 跟寶寶玩遊戲（例如邊唱頭兒肩膀膝腳趾，邊觸摸寶寶的這些部位）。
- 對寶寶溫暖的微笑。
- 花時間和寶寶一起經驗不同的事物（例如讓寶寶觸摸探索你的臉）。
- 跟寶寶說話或唱歌。
- 抱著寶寶讀故事書，並讓他伸手去觸摸。
- 回應寶寶的哭聲。
- 當你觀察到他不同的情感時，可以用簡單的感嘆詞語，甚至是母音來回應他。

關於跟寶寶說話這件事，大部分的研究指出，使用較高頻率的聲調或是「寶寶語」（在我們的文化裡是以疊字為主，例如：車車），的確可以幫助嬰幼兒更快學習語言。當然爸媽會隨著嬰幼兒的年齡，逐漸提高成人語言的比例。但是在寶寶出生後的前幾個月，非常建議你用溫暖或可愛的聲調或寶寶語來跟你的寶寶說話。這個不同的聲線，能幫寶寶辨認出這是跟他之間的溝通，由此增加親密感。

九個月大時，正在形成安全依附的寶寶會……

- 喜歡跟你玩「啊～悟」的遊戲（你用手把臉遮起來，然後說「啊～悟」時把手拿開，讓寶寶再度看到你的臉）。
- 跟照顧者分開時可能會生氣或抗議。
- 吸吮拇指或是特定玩具來安撫自己。
- 對於照顧者叫他的名字有不同的反應（轉頭尋找或是開心微笑）。
- 開始不願意讓陌生人靠近。

促進安全依附關係，爸媽可以……

- 提供一致且可預測的生活照顧常規。

・用聲音或不同表情回應跟寶寶的互動。

・仔細觀察寶寶想要做什麼，支持並幫忙他。

・自發性地和寶寶在地板上玩。

・溫柔地回應寶寶的哭聲。

・享受和寶寶之間的親子時間（讀故事書或唱歌等等）。

由於動作技能的獲得（七坐八爬），九個月大的寶寶是很好玩的。本著跟你的安全依附關係與新的動作技能，他會開始好奇地去探索這個世界，大量用觸覺、視覺和聽覺等感官來經驗這個世界。對於新事物，他會用口腔或抓取來探索，此時，千萬不要一直禁止寶寶探索，因為多練習動作對寶寶整體的發展是很有幫助的。允許孩子探索，不只能增進他的動作技能，寶寶還可以開始觀察自己做了什麼而造成外在的影響，這是簡單的因果關係，可以幫助寶寶發展認知。

由於此時寶寶對危險還沒有概念，爸媽難免會有安全上的疑慮。因此，我建議爸媽在寶寶五、六個月大後，用寶寶的角度來重新審視家裡的危險角落，把該擋該收的家具或插頭處理好。如果你想保有一點點成人的自我空間，可以用圍欄稍微區隔一下寶寶的探索範圍，選幾個低矮的櫥櫃擺些不會摔破，又不會被寶寶誤吞的安全塑膠容器，讓寶寶進行他的探險。

一歲大的安全依附寶寶會……

- 能夠用行為表現出清楚可區分的情緒，例如快樂，悲傷或生氣。
- 對世界好奇，包括對玩具或大人使用的物品。
- 開始會模仿大人的行為。
- 會用動作、表情或聲音跟世界溝通，例如寶寶可能會指著想要的東西，希望你拿給他。
- 喜歡看書或享受你跟他的互動。

促進安全依附關係，爸媽可以……

- 辨認並回應寶寶動作背後的意圖。
- 溫柔回應寶寶不同的情緒。
- 鼓勵寶寶探索世界，可以在幾步距離外用充滿感情的話語鼓勵他。
- 在探索的過程中保護好寶寶。
- 跟寶寶說話或是唱歌。
- 和寶寶一起看書，讓他自己翻書。

一歲的安全依附寶寶，是個充滿好奇，凡事都要摸摸看或吃吃看的寶寶。因為他的探索行為，會經歷許多不同的情感，這些情感會促使他發出不同的聲音，甚至是單字，幫助他的語言發展。寶寶的探索需要你的陪伴，所以每天都會讓爸媽忙得不可開交。當你需要處理家務時，把他放在一個安全圍起來、讓你們看得到彼此的地方，可以減低他的焦慮。

一歲半的安全依附寶寶會……

- 在跟你的依附關係中感到安全。
- 反應是直接的，而且是有自信的。
- 對人和世界很熱情且好奇。
- 持續探索行為。
- 可能不太喜歡改變常規。
- 可能已經會說幾個疊字的詞彙了（掰掰、爸爸、媽媽等）。

促進安全依附關係，爸媽可以……

- 定義並回應寶寶當下的感覺，告訴他當下經驗到的情緒是什麼。
- 對寶寶的行為，用表情或語言表達出你的興趣。

・進行讀故事書、唱兒歌等分享式遊戲。
・耐心傾聽寶寶的牙牙學語，猜想意思，並用行為傳達你理解的部分。
・簡單地解釋接下來要發生什麼事。
・允許寶寶模仿。

一歲半的寶寶已經是個小幼兒了，開始會用簡單的方式表達意圖，情感的表達通常會十分直接。他在和你的依附關係裡感到安全，習慣你安撫他的方式，也對這些方式有特別的偏好。所有動作認知或是語言的發展，讓寶寶能夠進入模仿，並在模仿中開始了解簡單的事物與日常生活事件的意義。這開啟了一個新的學習里程，在接下來的一年半中，寶寶的各項發展急遽加速，但是，你和他的依附關係仍然是最重要的基礎。

兩歲的安全依附幼兒會……

・對新的人事物好奇。
・喜歡在其他孩子旁邊玩。
・對於照顧者引導的體驗會很熱切。
・因為覺得安全，所以懂得說不要或是向大人抗議。

- 會輕鬆地哈哈大笑。
- 享受看書、唱歌或是聽故事。

促進安全依附關係，爸媽可以……

- 耐心引導幼兒認識新事物。
- 鼓勵幼兒在安全環境下進行探索。
- 設定一致的教養原則或限制。
- 和幼兒一起開心慶祝他可以做到的事。
- 和幼兒一起輕鬆大笑，分享他的笑聲。

兩歲大的幼兒和一年前有很大的不同，他們的語言會開始在這半年突飛猛進，幫助他們傳達更多的自我意圖。也因為如此，爸媽們開始覺得孩子自主性變高，可能不太聽話或是很固執。在這個階段，安全依附關係已經和剛開始時不一樣了，那時我們會盡量給予愛與包容，但現在爸媽需要設立起一致的限制，幫孩子理解底線在哪裡，讓他們明白自己可以嘗試的範圍，這個範圍或界限可以提供孩子安全感（在第六章會詳述規範）。

兩歲半的安全依附幼兒會……

- 喜歡和別人互動。
- 對陌生人或是不熟悉的地方可能會害羞。
- 會玩假扮遊戲（想像力的展現）。
- 享受讀故事書和簡單的遊戲。
- 開心大笑。
- 能夠說單字和世界溝通。

促進安全依附關係，爸媽可以……

- 用話語幫幼兒理解自己的情感（告訴他現在他的感覺是什麼）。
- 和幼兒一起玩假扮遊戲，鼓勵他想像。
- 幫助幼兒適應新環境。
- 鼓勵並讚美幼兒。
- 每天固定跟幼兒一起讀故事書。

兩歲半的幼兒通常很活潑，因為語言的急遽發展，他們可以進入更多的互動情境，理解得更多，也會開始自己想辦法解決問題。但是他們還沒社會化，所以很多行為會讓大人覺得很自我，好像他們想做什麼就做什麼，在公眾場合容易讓爸媽傷腦筋。如果爸媽可以溫柔又堅定地跟幼兒一起度過這些欲望與限制相衝突的時刻，他們就會在這個安全依附關係中成長，情緒的起伏也能慢慢回復平穩。

三歲的安全依附幼兒會……

- 自己玩自己的。
- 在熟悉的環境中，可以和照顧者輕鬆分開。
- 會用語言表達他的基本情緒：生氣、悲傷或快樂。
- 開始同理別人的情感。
- 喜歡並享受讀故事書和玩遊戲。

促進安全依附關係，爸媽可以……

- 觀察孩子何時需要陪伴，何時需要自己玩，提供他恰當的距離。
- 當孩子表達情感時要專注傾聽並回應。

・幫助孩子平復分離時的情緒（參照本書第五章）。
・適時協助孩子解決問題。
・和孩子一起經歷人事物，並做些簡單的討論。

四歲的安全依附幼兒會……

・享受幫爸媽做家事。
・能照顧自己的需要，例如洗手和穿衣服。
・能自己適應新的環境。
・明白自己能做到的極限，並尋求大人幫助。
・開始懂得輪流和分享，以及跟其他孩子合作。
・情感的表達越來越倚賴語言而不是行為。

促進安全依附關係，爸媽可以……

・提供一個一致的日常常規，讓孩子有安全感。
・鼓勵孩子獨立，分階段教導孩子自理的方法，讓孩子練習並讚美他。

・讓孩子有社交的機會，就算是大班才就學，還是可以上一兩個才藝課，增加他和同儕互動的機會。

・觀察孩子在互動中經驗到的情感，和他一起討論不同的處理方法。

・引導孩子多和別的孩子玩遊戲。

嬰幼兒四歲前的安全依附關係，會成為他們社交情緒發展的基礎，照顧者要帶領孩子安心去探索，好讓他們順利擴展家庭以外的生活圈。因為親子之間的安全依附關係，孩子會學到：他是被照顧者所理解的；當他需要你的時候，你會在他的身邊；當他有強烈的負面情緒時，你會跟他共同調節，幫他平靜下來。因此，安全依附的寶寶會比較少哭鬧。跟爸媽頻繁的互動，還可以刺激孩子全面的發展，因此，安全依附關係還能夠幫助寶寶整體發展得更好、更聰明。除此之外，安全依附所促發的社交情緒發展，更是孩子進入團體生活中最重要的一個環節。如前所述，一旦孩子在一個團體裡，知道他可以怎樣和別人相處或回應別人，怎樣處理衝突時，他的情緒就會平穩；而當他的情緒平穩，就能把精力及注意力放在學習上。上學是正面的、愉快的，這些積極的感受就能貢獻他正面的人格發展。

大人們總是習慣性地急著幫幼兒解決問題，卻忘了孩子需要時間消化這些負面的情緒後，才能慢慢進入思考。所以，當大人為了繼續往前走，而急著對幼兒說「沒關係，好勇敢，不要哭」時，我們其實是忘了自己小時候也曾經如此：為了一球冰淇淋掉在地上而哭得聲嘶力竭；為了想跟媽媽黏在一起，像是沒有明天般的緊緊拉住媽媽的衣角不肯放手……。在那些負面情緒的頂端，若有一個人可以慈愛地跟我們說：「我明白，我懂。」然後堅定地允許我們哭，並花時間陪我們度過情感風暴，然後跟我們一起想辦法解決，那會是多麼美好溫暖、被愛包圍的感覺！

從寶寶出生的第一天起，爸媽每一次讀懂寶寶的情感，每一次的耐心安撫，在情感上跟他同在，都是建立安全依附關係的每一個小小的進展。當寶寶跌倒了，你同理他說：「寶寶哭哭，因為跌倒好痛，媽媽／爸爸疼疼痛痛的地方。」像這樣安撫一下，甚至請他自己安撫自己，然後才對他說：「不哭不哭，寶寶好勇敢。」都是讓依附情感順利流動的表達方式。

每個期盼寶寶到來的父母，都希望可以提供孩子最好的——不管是外在環境或是情感層面，讓孩子可以快樂的成長。而爸媽和寶寶的良性相處，培養起安全的依附關係，這是爸媽可以給寶寶最珍貴的禮物。因著這個依附關係，在未來，孩子會明白再如何艱難的挑戰或磨難，都不會把他摧毀，因為他擁有一份獨一無二的愛。在這樣的愛裡，他明白自己是有能力開創的，這個世界會欣賞自己，自己也信任這個世界。他更確信，自己是個值得愛、同時也有能力回報愛的人！

5

聰明的父母都要懂的撤退方法

要給寶寶多少愛，才算足夠？
成長環境沒有足夠的安全感，寶寶會怎樣？
當寶寶很依賴時，該如何處理偶爾必須分離的情境？
拒絕撤退，就等於在溺愛孩子？
如何開始訓練幼兒獨立？
為什麼很多寶寶都需要一條小被子？
自己的介入與協助會不會影響幼兒學習與發展？
如何協助寶寶開始理解內在真實的感受？

每個爸媽或照顧者都知道寶寶需要很多的愛與關懷，但是多少叫足夠？何時需要開始培養孩子獨立？該如何做才能讓寶寶們循序漸進地學習分離？這些問題在心理與情感發展上是很重要的議題，因此，接續在如何促進安全依附關係、增進親子之愛後，我想和大家分享自己在嬰幼兒心理的專業學習裡，身為一個媽媽，讓我自己受益很大，幫助我和孩子從緊密的相愛到逐漸地分離與獨立的溫尼考特的理論，讓我們可以一起來思考愛、分離，以及如何培養孩子獨立。

一九六〇年代在英國有個很有名的小兒科醫師與精神分析師唐諾・溫尼考特（Donald W. Winnicott），他花了許多時間在診療情境中觀察母嬰的關係。其中一個著名的情境，是他會在桌上放一個閃亮簇新的聽診器，觀察嬰兒怎麼注意到這個新奇的東西，怎麼遲疑自己可不可以摸，或是如何接近這個聽診器；而在這個過程中，母親又是如何回應嬰兒的興趣，是鼓勵或是禁止，如何傳達自己的想法給寶寶等等。從這些觀察裡，溫尼考特開始思索母親的內在心理如何影響嬰兒建構自己的內在，或是嬰兒的行為反應，如何影響母親持續建構內心對自己寶寶的想法。於是，從他的臨床與理論中，他提出許多概念來幫助爸媽去理解，要如何建構一個健康的親子之愛，然後如何開始和孩子分離。

即時解救新生寶寶，有助於他日後的心理健康

在寶寶出生後的頭幾個月，爸媽或是照顧者通常會無微不至，盡其所能地馬上回應寶寶的需求。在新生兒階段，每個新生寶寶都需要溫尼考特所提出的「初級的母性關注」，來幫助他們開始健康的心理成長。母性，指的是溫柔與無條件地給予，但並不是非要從母親那裡得到才行，而是統稱任何主要照顧者所給予新生寶寶的照顧品質——能夠敏感察覺寶寶當下的需求，並及時予以回應。在這個母性的關注中，寶寶和照顧者逐漸發展出史登提到的默契與同調。

初級的母性關注，通常發生在寶寶出生後的頭幾個月。在這個關注中，媽媽幾乎和嬰兒是一體的，她的腦海被這個關注所占據，心思完全放在如何幫助這個嬰兒存活下來。這樣的母嬰關係是獨一無二且異常緊密的，在這樣的關注底下，其他的人事物都無法輕易地分享到媽媽的注意力。許多畫家捕捉過這樣的畫面：在母親哺乳時，她看著自己小寶寶的那種專注給予、完全沉浸在兩人世界的神情，就是初級母性關注的最佳寫照。

也許你會問，只能由媽媽來提供這樣的母性關注嗎？確實在大部分的情況裡，經歷過懷孕與生產，在心理上開始預留想像空間給寶寶的母親，心理層面比較能夠進入這樣的關注狀

態。因為母性關注的核心是無條件付出（devotion）。但是爸爸或其他主要照顧者，如果在準備好進入育兒角色的情況下，同樣能提供這樣的母性關注。在這個母性關注中，媽媽或照顧者唯一的重心，會放在確保寶寶可以健康地活下來。因此，對於寶寶發出的任何聲響很容易敏感覺知到，能夠盡力回應寶寶的任何求助，和寶寶彷彿構成了一個只屬於他們兩個人的世界，外面的紛擾都不能影響她對於寶寶的回應。

一開始這樣無微不至的回應，可以讓寶寶自發地經驗到需求與解救，溫尼考特認為這是對寶寶在心理層面發展出健康的「真實自我」（true self）的最大推手。因為生命初始，嬰兒的自我感受往往和感官的經驗高度相關，由於他們沒有可以存取記憶的經驗值，所以這些感官經驗容易攪動起強烈的情緒，讓寶寶感覺生命被威脅了。而媽媽的即時解救，讓寶寶的自我在這神奇的時刻產生一種「全能的幻想」——寶寶的自我會幻想著，他自己有能力解決這樣的危機。媽媽的解救，讓寶寶再度回到整合的情感狀態，他的全能幻想與母親的解救同步發生，外在的供給和內在經歷的需求正確吻合，於是寶寶的自我回到了整合狀態。

這種全能幻想是非常重要的。因為所有的生命要能延續，需要一種對生命的熱情與創造力；而全能幻想，便是日後寶寶生命中創造力與生命熱情的來源。寶寶有了這樣的體驗，發展出來的真實自我會相信自己有能力創造出方法，從很糟的狀態中脫困，讓自己的生命活得更好！

假設寶寶一直沒有辦法在一個讓他感覺安全的環境成長，例如媽媽因為嚴重憂鬱很少回應寶寶，或照顧者的方式非常不一致，或是環境中充滿著他無法預期的強烈感官刺激，這些都會讓寶寶無法建立起外在是安全的感覺。為了保護真實的自我，溫尼考特認為寶寶會逐漸發展出一個假的自我，在假的自我中，孩子發展出早熟的防衛機轉，習慣「演出」這個世界需要他呈現的樣子。但是在孩子心理層面的內在裡，他卻感到空洞、缺乏對生命的熱情，無法有自發性的創造力，甚至在未來的人生挑戰中找不到自己生存下來的意義。

以寶寶可以承受的劑量，逐步撤退

在溫尼考特的理論中，母性的初級關注能幫助寶寶在出生後的頭三個月，允許自己可以顯現出真實的自我。溫尼考特接著談到要如何當一個「夠好」（good enough）的爸媽：**他認為，寶寶不需要擁有完美的爸媽，而無微不至的照顧，也需要隨著寶寶的日漸長大而逐漸撤退。**

因為，夠好的爸媽會開始偵測嬰幼兒內在正在成長的適應能力。撤退，指的是隨著寶寶日漸長大，以及對寶寶的觀察，爸媽不會再像一開始時那樣立即解救寶寶，而是會開始延長回應寶寶的時間，讓寶寶在等待的時刻中，試著自己去安撫自己。也就是說，在爸媽撤退的片刻中，為寶寶提供了嘗試自我安撫的機會。

爸媽解救的逐漸撤退，是很重要的。母性關注、同調及夠好的爸媽，幫助寶寶擁有這些逐漸拉開距離的經驗，寶寶自己便開始能夠經驗到真實的世界，不會一直停留在自我全能的幻想裡。

你可能會問，那要怎麼評估逐漸撤退的速度？溫尼考特的建議是：以新生兒的需求為中心，從盡量滿足的零距離（母性關注），慢慢**以寶寶「可以承受的劑量」，一點點拉開距離。這個逐漸開展的距離，就是爸媽撤退的速度**。

所謂寶寶「可以承受」的劑量，在實際帶養的情境中，指的是：在寶寶哭嚎與求助時，負面感受尚未堆疊到讓他們退回到初始那種可能被消滅的恐懼之前。如果寶寶已經哭到瘋狂，便會回到那種彷彿攸關存亡的恐懼狀態，此時，要安撫他們就不是一件容易的事。所以對爸媽而言，當你試著評估寶寶可以承受的範圍時，可以反向思考，以安撫寶寶的時間來評估：若是這次需要花比平常久的時間來安撫寶寶的情緒，那麼下次就應該考慮不要讓他哭得比這一次久。因為，那不是他可以承受的劑量。

當然，每個寶寶在情感上能夠承受的劑量不會一樣，這是因為每個寶寶的天生氣質都不同，同時也要考慮寶寶跟媽媽或照顧者的關係品質。比如說，敏感度較高的寶寶，能承受的劑量一定相對較少；而堅持度較高的寶寶，可能在哭這件事上，不管是否超過自己可承受的劑量，都會比別的寶寶哭得更久，所以很難有個所謂「正確做法」。每個寶寶都是獨特的，每對爸媽也是獨特的，經營的親子關係也是獨特的。當你花足夠的時間觀察孩子時，你會逐漸明白，可承受的劑量對你的孩子而言是什麼意思。

如何找出寶寶可以承受的劑量

明白了依附關係、默契、同調，在無微不至的照顧後，現在你要開始來找出這個可承受的劑量。在嘗試的過程中，爸媽可能會犯錯（還好，溫尼考特已經告訴我們，孩子需要的只是夠好的爸媽，而不是完美的爸媽），所以你要允許自己在錯誤中尋找，並不斷修正屬於你和寶寶可承受的劑量。

在調整寶寶可承受劑量的過程中，以下是我的建議：

1常規的改變不要太劇烈。若真的需要改變，盡量在改變中保留一些寶寶原本就熟悉的元素。

2觀察寶寶如何等待你延長回應他的時間。如果寶寶可以自己安撫或是娛樂自己，你可以晚一點再回應他。

3不要阻止寶寶自我安撫。在出生後的頭一年，寶寶的自我安撫是經由口腔吸吮來進行的，所以，當你要開始延長回應寶寶的時間時，請允許他能夠以吸吮自己的衣袖、奶嘴或手指頭來進行自我安撫（不要皺著眉頭跟他說那樣很髒，或是急切地拔出他的手指頭）。他這樣做，只是在練習自己安撫自己（關於吸吮奶嘴，會在第八章的餵食章節討論）。

4不要讓寶寶哭得過久。當寶寶的哭聲越來越大時，就是一種自己無法承受的表現。雖然你會慢慢延長回應的時間，但是記得不要讓寶寶哭到瘋狂的狀態。

5讓這個分離過程，以你可承受的劑量緩慢進行。大多數的情況下，通常第一個孩子因為沒有帶養的經驗，爸媽都會比較緊張，所以當書裡面建議讓寶寶哭一下，延遲回應他時，爸媽不見得能承受寶寶這樣的哭聲。因此，如何讓自己也能逐漸承受這樣的分離，是一樣重要的。

6 即使你已經生養了第二胎，或是你曾經有過帶養嬰兒的經驗，都還是要再重新觀察這個新生寶寶。因為他有他的氣質，他可承受的劑量可能和之前你帶養過的孩子不同。

為什麼我會說爸媽也在尋找出自己可承受的分離劑量呢？因為當媽媽或照顧者比較能確認嬰兒需求，稍稍建立起兩人的默契之後，她可以從這個母性關注逐漸撤退，慢慢回歸到自己原本的世界。所以，媽媽的自我可以再次慢慢舒展開來，自己和嬰兒的關係逐漸被挪到一個很重要、但不再是全部的層面。

這其實對媽媽自己的心理健康是有幫助的，因為沒有人能夠長時間停留在一個完全和對方如此緊密牽絆的狀態。以談戀愛來說，在進入平穩關係前同樣有個如膠似漆的階段（熱戀期），但是這種緊密狀態勢必會隨著時間慢慢消退。也因為心理層面的逐漸撤退，寶寶得以在這個安全的依附關係中逐漸勾勒出自我的界線。寶寶開始經驗到原來我想的或是我要的，有可能跟爸爸媽媽想的或要的不一樣，在我和爸爸媽媽緊密的愛裡，我還是有專屬於我自己的感覺和念頭。

不懂得撤退，就等於在溺愛孩子

溺愛的狀況，有時就像是爸媽無法從初級的母性關注裡撤退，堅持停留在這樣的關注中，把寶寶面臨的每個情境都視為自己的責任，把寶寶的感覺及自己的感覺都一律視之為自己的強烈感受。在這樣的溺愛裡，為人父母者在日常照顧的行為中投射了許多自己的（而不是寶寶的）感受。在他們眼中，寶寶是我的一部分，不再是個獨特的個體。這樣一來，在內在情感裡，「自我」和「非我」的界線模糊了，孩子的所有感覺都成為爸媽的感覺，或是反之亦然。

這種無法區辨清楚的情緒狀態，會讓孩子的內在情感產生混亂或困惑：明明我的感覺是A，為什麼媽媽說是B呢？當媽媽或照顧者全面介入，自我和非我的界線模糊時，很容易阻礙幼兒接下來在社會心理層面應該要進入的「自主」階段。過於緊密的情感，剝奪了孩子在第一個親密關係中學習分離的機會，寶寶只能無奈地任由爸媽強大的力量所影響。於是，孩子就會形成被動狀態，無法對世界產生熱情或創造力，甚至在往後的人際關係中，很難處理好分離。這對孩子的整體發展及社交人際，都有巨大的負面影響。

你一定會好奇地問：「真的可能有這樣的父母嗎？」在我的臨床工作中，確實遇到過無法從母性初級關注中撤退的爸媽。他們當中，有些會對寶寶擁有的先天狀況感到愧疚，而在潛意識裡想不斷地補償孩子；有些是對當媽媽這事有很龐大的焦慮，過度憂慮自己無法當個稱職的媽媽；有些是跟自己生命經驗裡所受到的創傷有關，例如曾經失去親人，所以害怕再度失去，而想要一直跟孩子在一起等等。

人的思考與行為，會受到自己的心理情感狀態及過去的生命經驗所左右，所以在思索自己是否過度介入時，可以想一想為什麼自己會想這樣做，其背後的情緒狀態是什麼，也許可以找到心理層面的源頭。倘若你對於自己當爸媽的內在狀態有任何疑慮，可以向專業的心理諮商師諮詢、寫日記，或是接觸宗教，並在這些過程裡多做一些自我思考及自我覺察。如此一來，你對於自己是否要改善，或是應該如何改善，相信都會很有幫助的。

父母的愛應該是健康的，並且要依照孩子的成熟度來調整給予的劑量。給予的方式如果能像照鏡子一般，真實反映孩子當下的狀態，讀懂孩子情緒的可能緣由，然後再結合肢體語言及口語溝通來回應寶寶當下的感受時，寶寶就能擁有被同理及被了解的經驗。當你的映射回應吻合了寶寶內在的真實感受，寶寶會開始理解自己內在正在經歷什麼、感覺是什麼。

這對於孩子學習如何處理自我情感有很大的幫助：孩子必須先知道自己怎麼了（你的回應幫助他理解他怎麼了），正在經歷的感覺是什麼，他才能開始進入思考，最後進入想辦法幫助自己度過情緒的階段。其實，以心理層面的發展來看，每一次被你映射的感受，都是寶寶自我存在的體驗，也是自我界線的再劃分，在這個過程中，心理層面的分離正在悄悄發生。

為什麼很多寶寶都需要一條小被子？因為準備與父母分離……

分離，必然會發生。在出生後頭一年的後半段，寶寶逐漸獲得動作上的技能，不會再像前半年一樣全然依賴爸媽，開始自己嘗試探索這個世界。所以，要如何逐漸分離，才能促進寶寶的心理健康呢？

除了先前可承受的劑量之外，溫尼考特也提到了「過渡性的客體」。他認為，分離與獨立是個循序漸進的過程。在幼兒期，因為幼兒身體動作與語言的發展，分離會不斷地以片斷方式進行，擁有夠好爸媽的幼兒們，會需要經歷一個「**過渡性的時期**」來幫自己經驗跟爸媽的分離。在這個過渡期中，孩子會運用「過渡性客體」來理解我與非我的界線，並且處理內在因為必須和父母分離的複雜感受。

過渡性客體，指的是一個「非我的」物體，它可能代表在依附情感中所經驗的一部分，也可能是依附對象的延伸，或是提供寶寶某種感官感受，讓孩子可以創造出類似在依附關係裡的安全感。在一個夠好的帶養中，寶寶會使用這個過渡性客體，讓自己在分離時，感覺到仍然可以在焦慮的情緒裡把「自我」聚集起來，幫助自己擁有安全感。著名的史努比漫畫中，查理・布朗的一位朋友去哪都會帶著自己的毛毯，這件柔軟的毛毯，代表了在爸媽的撫慰中自己曾經驗到的溫暖，所以提供了安全感，讓幼兒自己度過外在世界帶給自己的焦慮。於是，毛毯就成了一個過渡性客體。

溫尼考特在〈過渡性客體與過渡性現象〉（Transitional Objects and Transitional Phenomenon）一文中，清楚地介紹了過渡性客體的特質，以小被子為例：

1 寶寶有絕對的權力支配這條小被子。

2 寶寶愛抱著小被子，但是對它表達的情感可以是愛、虐待，甚至是攻擊的。隨自己心情高興，寶寶可能咬著它或是緊抱它。

3 小被子永遠不能被改變，除非是寶寶自己對它做的改變。

4 寶寶對待被子的方式，彷彿是被子有其真實性存在其中。

5 它不是由成人定義出來的，但也不是由寶寶的內在定義出來的，小被子不是一個幻想的狀態。

6小被子最後的命運是逐漸不被愛了，但是這不會造成孩子失落的感受，孩子也不會忘記它，它只是不再擁有同樣的意義了。它的重要性，會慢慢隨著孩子學習到如何面對分離，而逐漸消融。

過渡性客體是孩子自己的選擇，如果你的寶貝到哪都要帶著它，建議爸媽可以準備兩個一模一樣的東西，避免萬一弄不見了，寶貝的失落反應可能會很強烈。此外，過渡性客體也不應該太常清洗，或是替換成不同的東西。孩子在分離焦慮中可以啃咬它，可以緊抱它，用所有可能經驗這個物體的方式，來釋放出內在正面或負面已經滿溢的感受。而這個過程，也是孩子第一次能夠主導去定義這個所謂「非我」的客體，這對寶寶心理的發展幫助很大。逐漸的，當他和過渡性客體成功克服分離焦慮的經驗增多後，有一天他就會開始忘記帶著它，然後進展到不再需要隨時帶著這個具體的物體。因為孩子已經知道焦慮是怎麼一回事，也明白令他緊張的情緒是可以過去的。

孩子對過渡性客體的情感不是一天就能形成，孩子必須要對它有足夠的熟悉與偏好，才會願意選擇這個物體。所以建議在寶寶八、九個月大後，觀察是否有他比較喜歡的娃娃或被子，經常提供這些玩具給他玩，當他的身體有足夠的力氣將娃娃推開時（不至於被悶住產生窒息危險），甚至可以將這些可能成為過渡性客體的選擇，擺在他的小床跟他一起睡。如果寶寶對不同觸感的玩具有特殊偏好，也可以成為他過渡性客體的選擇。有的爸媽擔心孩子會過敏，而不希望孩子抱填充娃娃，如果是這樣，也許可以給孩子一些低敏感或是抗過敏材質做成的柔軟小被子。要記得，如果孩子必須去陌生環境，或是可能跟父母分離的前一天，盡量不要清洗過渡性客體（因為孩子熟悉的味道會不見）。

在這段逐漸分離的過程中，爸媽給予的安全依附會逐漸成為一個象徵式的安全堡壘。這是爸媽提供給孩子的一個恆常的「**扶持環境**」（holding environment），不管孩子需要近或遠的心理距離，孩子知道本著對爸媽的信任，發出疑問或求救訊號時，爸媽會偵測得到，然後以映射的方式回應孩子對他情感上的理解，提供孩子穩定並恰當的心理扶持：傾聽、同理、理解、映射，然後和孩子一起想辦法。

當爸媽提供「扶持環境」時，孩子的自我與非我的界線是清楚的，和依附對象的心理界線是有彈性的，可以隨著自我的感受而被允許靠近或分離。當孩子的自我欲望被爸媽限制時，他能理解到自己對爸媽的負面情緒是可以被爸媽包容的，他可以很生爸媽的氣，但是這些負面情感不會摧毀爸媽提供的扶持與對他的愛。於是，爸媽所給予的，會成為一個「真實的扶持」——孩子能體驗到好的感受與不好的感受是可以同時存在的。這對於孩子日後建立內在的彈性思考，以及理解人際互動上，都會有很大的助益。

你撤退，寶寶才有空間茁壯

透過溫尼考特的理論，我們學到以循序漸進的方式來帶養孩子——由完全的親密與陪伴開始，然後以寶寶可承受的速度或劑量慢慢撤退，並允許孩子以過渡性客體來幫助自己處理內在的分離焦慮；接著爸媽提供一個象徵式的扶持環境，等到孩子再大一點，就能夠自己處理分離。此時，所謂培養孩子的獨立，才有真正的意義，因為孩子的內在已經逐漸建立起一個足夠堅韌的自我，即使面臨和爸媽分離的情境，也不會威脅到自己內在的自我感。

於是，寶寶的身體和心理同時成長，自我感逐漸茁壯，情感的自我調節能力也因著成功的分離而增強。而在社會心理層面上，孩子開始進入「自主」的發展，開始表現出自己的獨特性，他會運用各種不同方式來向世界表達並溝通。這一切的發展，都在為他日後進入更大的世界網絡——團體經驗——做準備。

在我當全職媽媽的經驗裡，這個循序漸進的方式幫助我兩個孩子的情緒發展平穩，讓他們能夠以自己的速度來學習分離與初步的獨立。面臨分離時，對他們來說雖然一開始仍然不容易，但是他們都能以各自的速度成功克服，愛上在學校的團體生活。甚至後來當我先生因為工作關係，他們必須到美國就學一年，也能在全然陌生的環境和語言下如常上學，有責任感地自己努力面對及克服焦慮，順利適應異地生活。當然，在這個過程裡，身為父母的我們，仍然要依照自己對他們的了解和觀察，在錯誤中掙扎著找出孩子可以承受的劑量，循序漸進地幫助他們一起克服面對的困難與挑戰。

不管孩子多大，面對挑戰還是難免會引發焦慮，他們焦慮時就像回到小時候一般，會需要我們和他們一起拆解這些挑戰到他們可以承受的範圍。溫尼考特的理論，總讓我們在這些困難情境裡思考，身為父母應該如何和孩子一起克服，讓每一次的危機都能轉換成淬鍊孩子的機會。別忘了，只要是孩子可以承受的劑量，他們的人格就能夠因此茁壯成長。

有個學者曾經說過：「孩子用你和他相處的時間來理解愛。」看完這一章，相信你已經知道帶養一個心理健康的寶寶是要花時間的，許多你期待孩子能夠擁有的品格素質，絕對不是一蹴可幾的。在帶養過程裡，你會明白陪伴不只是陪伴，在陪伴的過程中，你摸索出適合帶養每個孩子的獨特方式，你嘗試調整並逐漸整合爸媽的角色在自我的認同中。你投注的心力與時間，絕對不會白費，因為孩子越小，他的生命經驗日後對他的影響就越大，而你給予的安全依附，就是他心理與情感最扎實的基礎。在這個相愛的過程中，你的付出，包括你對他先天氣質的觀察，你對他情感經歷的映射，以及你們一起經歷過的母性初級關注、同調、夠好的照顧、過渡性的現象，以及最後的扶持環境，都是促進孩子日後能平穩進展到完全獨立的重要元素。

6

要規範孩子，但千萬別當虎媽

寶寶多大的時候應該開始規範？
該如何建立起對寶寶合理的期待？
如何在規範或管教時仍然傳達愛？
管教孩子，對他的心理發展有什麼影響？
何時可以開始訓練幼兒獨立？
如何訓練或規範幼兒又能兼顧他的心理健康？
影響自己管教孩子的因素有哪些？
如何觀察自己的親職管教方式？

寶寶出生後頭一年最需要的，是爸媽或照顧者可以提供安全依附與愛。不過在頭一年的後半，寶寶越來越有行動能力表達自我，卻對外在情境沒有危險概念，你會發現主導式的介入似乎是不可避免的。你可能會直接移開他，用引導或轉移注意力的方式，來幫助他離開危險的情境。幸好，這時候的寶寶還沒有能力反抗，頂多只會用哭鬧來抗議。

但這樣的情境在寶寶一歲半進入幼兒期後，就會開始有不同的表現了。因為寶寶獲得的技能更多了，他可能會開始試著用自己會的語言與動作堅持自己想要做的事，那個乖乖任大人擺布的嬰兒不見了。他已經長成了一個有自己主見、有理說不清的「番霸霸」。所以，爸媽們此時會開始思考管教或規範的議題。

先問問你自己：寶寶要多乖才算乖？

首先，在管教與規範前，我們要想想：什麼是對寶寶合理的期待？因為該管教或規範的行為，和你對寶寶的期待息息相關。如果你對寶寶的期待太高，當然他的行為就會經常讓你覺得受挫。

因此，你要做的第一件事，就是初步了解嬰幼兒的發展。例如，爸媽經常會在寶寶五個月到八個月大時，觀察到寶寶有重複抓取的動作：當你把玩具撿回給寶寶時，他會把玩具又放掉，讓你必須再撿一次。這並不是他頑皮，也不是他不聽話，而是他在發展尚・皮亞傑（Jean Piage，瑞士發展心理學家）所謂的「次級循環反應」（secondary circular reactions）。在這個常見的發展階段裡，寶寶會以自己新獲得的動作技能，不斷地為自己創造有趣的情感經驗。對寶寶而言，這個發展是重要的，因為心理上，他正在經驗「我可以創造」及「我覺得有趣」結合在一起的體驗。看到自己的動作對物體造成的影響，對於寶寶在認知發展上建立因果關係的邏輯，是很有啟蒙性的。

出生頭一年的寶寶，到底需不需要管教呢？我想這要看你如何定義「管教」這兩個字。我認為，在親子關係中，當雙方有兩個強烈的意圖衝撞在一起，而你判斷孩子的意圖不適合在這個社會情境下被增強時，才會需要用到所謂的管教。因此，當寶寶尚未有足夠能力表達強烈的意圖前，比起管教，他更需要的是你引導他理解什麼是對的，而什麼是不恰當的。**嬰幼兒不需要爸媽當他的朋友，他需要的，是可以溫柔引導及堅定規範他的爸媽**。

你可能會問：「寶寶真的聽得懂我說的話嗎？」一開始，寶寶對大人抽象話語的真正意義，的確是不能精準理解，但是本著你們之間的依附情感，他會覺察到你突然變嚴肅的臉，覺察到你不同於一般的語調，他可以觀察你突然朝他飛奔而來的急迫，這些非語言的解碼，都在幫助他明白你說的「不行，危險」是什麼意思，於是寶寶會停下來。因為他對你的愛，他記憶了你的反應，然後開始練習如何控制自己的好奇心。

但是請你記得：身心健康的寶寶，在六個月後一定會開始顯現出他的好奇心。在嘗試與操作中，這些豐富的外在刺激他的全面發展，所以，他一定會碰到他不該碰的東西。你要調整自己的期待，允許寶寶犯這樣的「錯誤」。當然最好的方法，就是給他一個安全的範圍盡情地探索。

如果你觀察到你的寶寶是個堅持度較高的孩子，他可能會一直想嘗試你不希望他做的事，這個時候或許管教就會發生得比一般寶寶早。我想說的是：每個孩子的氣質不同，每對爸媽對孩子行為的接受度也不同，所以寶寶多大才需要開始管教，是沒有標準答案的。我要強調的重點是：**在你規範與管教寶寶之前，「理解與引導」應該要先行發生**。

以我自己的經驗來說，我發現當我嘗試理解孩子的情感與欲求時，孩子的情緒比較不會停留在衝撞的狀態。我會盡量不要以大人的姿態來壓迫孩子，因為每一次壓迫，就是在耗損我們之間的親子之愛。當然，當我們被現實生活壓迫時，有時候這樣的衝撞是難免的。處於幼兒期的他，不可能理解你所謂的「苦心」，只會感覺到在那個當下，自己因為被你規範及管教所經驗到的憤怒。如果你讓這些負面的感覺一直累積，最後多過孩子記憶中你給他的愛與溫暖時，你們之間的關係就會面臨嚴峻的考驗。

令人憂心的虎媽與鷹爸……

近幾年來頻上新聞的「虎媽」與「鷹爸」教養模式，若以心理健康的角度來看，是很令人擔憂的。

我們不難想像這種被虎媽所帶養的幼兒，所經歷的是什麼樣的情感經驗——他的自我完全被忽略，天天都受到外在一個巨大的力量壓制著。爸媽沒有花時間引導他，找出他可堪承受的劑量，陪伴他一個步驟一個步驟地去嘗試，反而是馬上期待他能在沒有任何根基下，自己要想辦法解決「存亡與否」的危機。在這種情況下，就算是孩子能夠獨立成功，那也可能是建構在焦慮、憤怒與恐懼下的一種獨立。雖然，這可以幫他成功存活下來，卻也可能悄悄吞噬了孩子的身心健康。

獨立，本來就該是個循序漸進的練習過程，父母不應該在沒有引導的情況下，將嚴峻的難題丟給孩子自己處理。很多時候，那其實是父母把育兒的焦慮，以及對扮演父母這個角色的挫折，投射回去給孩子。

其實，只要有足夠信任的親子關係，在嬰幼兒階段的前幾年，好好陪伴及觀察孩子、引導孩子，跟他一起經驗困難、挫折，一起嘗試不同的方式解決，最後孩子就能累積自己成功處理的經驗，進入真正自主面對的階段。當孩子學習到自己可以解決，自己的自信與獨立感就能往前邁進一步。不只如此，對父母而言，看到孩子可以自己好好處理，這樣的發展會讓父母感到欣慰，就能再度確認了自己當父母的自信。

嬰幼兒不會說也不知道怎麼問，他能夠依靠的是一種信任的依附關係。他依賴爸媽讀懂他的情緒，他依賴爸媽去理解去定義他所經驗的是什麼，然後用語言解釋他的狀態，讓他對這個抽象的世界能有所理解。然後孩子會慢慢累積自我處理的成功經驗，最後開始可以掌握自己能做的部分，形成一個扎實的自我感。

那麼，該如何引導寶寶呢？以下是一個例子：

1先同理寶寶所面臨的困難（積木放不準，一直掉下來），跟他說：「積木很難放，好生氣吼。」

2然後再跟寶寶說：「媽媽扶著你的手，試試看。」

3如果他願意，你可以邊告訴他邊教他觀察：「像這樣輕輕放，角度要對準喔。」

4寶寶也有可能會生氣地推開你的手（因為他想要自己試試看）。

5你要尊重他，但要用聲音傳達支持或繼續引導寶寶，例如積木快要放上去的時候，你會跟他說：「加油，快成功了。」

6如果他還是失敗並開始鬧脾氣，你要先安撫他，然後再一次問他是否願意和你一起再試一次。

7當寶寶成功了以後，你會邀請他再試一次。但這一次你只在最後放的階段協助他，等他做到後，讓他知道當他需要時，你還是可以幫助他。

顧及孩子心理健康的規範方式

除了引導以外，規範也是必要的。接下來，我希望以自己的專業和當媽媽的經驗，來分享如何在規範的同時，能兼顧孩子的心理健康。

首先，我認為父母要學習一種「父性與母性兼備的教養方式」，說得白話點，就是「溫柔又堅定」。這和我們傳統文化中談到的「父嚴母慈」是十分不同的。以心理層面來看，倘若每個爸媽或是照顧者在教養上，都能擁有父性與母性兼備的特質，對孩子的心理健康是很有幫助的。父性與母性整合的親職，幫助爸媽不會流於過度寵溺或嚴厲，親子雙方都能享受良好的親子關係。

父性的管教，指的是範圍。父性在規範的同時，提供孩子一個安全的界線。在傳統中國文化的角色分工裡，父性代表了一種權威、剛硬特質，但其實父性除了權威與規範以外，還代表了創造力、樂觀進取、冒險挑戰等等較不受框架限制的傾向。而母性的管教，指的是溫柔、無條件的愛、理解的耐心、為對方設想的體貼、高度容忍的彈性，以及為孩子排除萬難的堅韌特質等等。

雖然我們承襲了傳統中父嚴母慈的文化價值，但是，從建立嬰幼兒的心理健康來看，我們希望**每一個照顧者都能擁有父性和母性兼備的親職特質**。換句話說，身為媽媽，在某些時刻也需要發揮父性的功能，對孩子設定一些限制，確保他的行為是在某種安全的範圍；在某些時刻，媽媽也要發揮創造力，很勇敢地和孩子探索這個世界。對爸爸而言，在某些時刻，尤其是日常照顧嬰幼兒的事務上（換尿布、餵食或洗澡等等），他要能發揮母性的溫柔，來理解嬰幼兒的情感。

由於幼兒會有許多探索世界的行為，他們又是一個很自我中心的族群，常常會讓爸媽本能地只用父性規範來介入，希望孩子可以提早社會化，因此，從寶寶滿一歲開始，經常會發現教養的嚴厲開始多過溫暖與支持。這樣的巨大轉換會造成幼兒的失落感，因為對他們而言，母性的態度不只傳達愛，母性的關懷也能幫助他們定義自己情感的展現。從情緒能被照顧者理解的經驗中，幼兒開始理解自己的情感，在了解自己的情緒後，行為自然而然就不會一直停留在嬰兒的初級層面，不再只會以不停哭鬧的方式來呈現。假以時日，孩子更能夠走出自我，開始同理別人。

以我自己的教養經驗來說，我看到了孩子的情感若能被了解，他們其實不需要用很多不同方式來向世界抗議。因為他們理解自己，也信任你會在情感的風暴中與他們同在。

結合父性與母性的管教之前，我覺得在規範的當下，有兩件事相當重要：一是照顧者需要擁有足夠的時間，二是尊重幼兒自主的想法。

當寶寶哭鬧，你該「溫柔退讓」或是「嚴厲喝止」？

對於幼兒如龍捲風般說來就來的脾氣，你一定要記得讓自己有足夠的時間去觀察去安撫。因為如果外在環境或時間給予你壓力，你往往得在「退讓」或是「嚴厲」的兩極處理方式之間擺盪。

當你退讓時，幼兒下次可能會哭鬧得更久，因為他學到哭鬧這個方式是可以讓你退讓的、是有效的。另一方面，倘若你經常性地過於嚴厲，幼兒會開始在心理抑制自我的意圖。或許你會認為這對幼兒的社會化有幫助，但其實這種嚴厲，卻容易把孩子帶離自主的道路，往反方向的「羞恥」發展，讓孩子開始對自己的想法或念頭產生懷疑，覺得自己不夠好，變得沒有自信，而影響到下一個心理發展階段——任務「主導」。最糟糕的是，你有時退讓有時嚴厲，這種搖擺不定的回應方式會讓孩子無法捉摸，無法預期你的反應，進而陷入一種混亂的狀況——沒有安全範圍的感覺，對幼兒學習自制，一點幫助都沒有。

其實，寶寶們都有這樣的心理：

1渴望做得更好給世界看，讓大家知道他長大了。

2希望自己很棒，所以做不好很容易生氣。

3沒有辦法要到自己想要的東西，所以又生氣又傷心。

4因為追求自主，固執地想要自己做又不被允許，所以很容易憤怒。

5堅持要某樣東西或做某件事，不管場合或是時間。

6因為成人無法了解他所說的話，所以大發脾氣。

7有時候明明自己回答說不要，但其實是想要。

8覺得自己做得不夠好、覺得丟臉，甚至遷怒於你。

一旦理解了這些矛盾或異常的情緒，其實是幼兒很正常的經歷時，有助於你去思考寶寶到底為什麼突然暴怒或哭嚎，並以正確的回應方式引導他逐漸穩定，寶寶如同雲霄飛車般起伏的情緒就會日趨平穩成熟。面對這些劇烈起伏的情緒，爸媽要記得用父性與母性兼備的管教方式，來引導幼兒。

下面我還是以我自己的經驗，來示範父性和母性兼備的規範方式。

在幼兒期一開始，我每天外出進門的第一件事，就是帶孩子去洗手。但是有一天，孩子抗拒不想洗——因為她想繼續玩，不想回家，就在門口鬧脾氣。這個時候，所謂父性與母性兼備的處理方式會是：

1父性的規範會跟她說：「回家第一件事，就是洗手。」

2母性的彈性接著說：「我知道你還想玩，心情不好，不過你可以選擇要在廚房洗或廁所洗。」

3孩子僵在門口仍然不動。

4父性的規範繼續：「我在這裡陪你等，洗完手我們才做下一件事。」（堅定表達你的界線）

5母性的彈性傳達：「廚房和廁所有不一樣的香皂可以選，媽媽帶你去。」（試著牽她的手表達關愛）

如果你的孩子仍然一動也不動，我會建議你在他旁邊等，告訴他你可以幫忙，但是他一定要洗手。你可能會說，你沒有那麼多時間，每次都陪他等，很浪費時間。但是，如果你停下來堅持這個原則，孩子會學到這件事是重要的，他會開始理解這個規矩是你很重視的。當他明白界線在哪裡之後，這樣子的情況就不會經常上演。在我當全職媽媽的五年中，曾經有一次因為孩子們在捷運上吵架，讓我提早帶她們下車，下車後為了重申規矩的界線，還錯過了原本要參加的藝文活動。但是因為這次的規範，讓孩子得以明白，她們的行為會產生對自己不利的後果，再加上她們也理解到媽媽設立的規矩界線，逐漸將這樣的規矩內化，後來這樣的情況就沒有再發生過了。

在你展現父性的堅定時，有兩件很重要的事，那就是「持續性」與「一致性」。對幼兒而言，你持續與一致的規矩會逐漸在他心裡形成明確的行為範圍，這個範圍反而能夠給他安全感。我們可以用成人的經驗來想像，若是這個社會沒有法規，那可能會是一個讓人沒有安全感的混亂狀態。所以給予幼兒穩定而一致的常規，對他們而言是安全感的來源之一。

處罰孩子之前，你是否明白孩子行為下的真正意圖？

既然談到管教，那一定有人好奇：那麼「處罰」呢？我要在這裡提醒爸媽，在這麼年幼的族群裡，他們能承受的嚴厲劑量，遠比我們少，過度嚴厲可能容易造成孩子心理的傷痕。

在我的個人經驗和專業工作所看到的是：孩子的問題行為背後，往往藏著強烈的情感，如果那個情感被正視也被理解了，孩子就沒有必要繼續以問題行為來和世界溝通。所以，在處罰之前，爸媽能不能思考並試著理解，孩子這個所謂的問題行為底下的真正意義？爸媽是否看得到孩子內在的情緒，甚至他的欲求？有沒有可能是他要藉著這樣的問題行為，告訴你無法用言語說出的意圖？

即使他把橘子放在鋁門框上，用關門方式想要「打開」這個橘子（這是我觀察過的例子），結果把這個很難清理的門框搞得一團髒，他的動機還是很清楚：他想要自己剝這個橘子，只是他力氣太小剝不動，所以想出一個能幫自己的方法。這不是他故意搗蛋或頑皮，他其實只是在自己已知的世界裡，發明了一個不被大人接受的方法來達到自己的意圖而已。

所以就這個例子來看，他需要的是大人說出他的意圖，引導他觀察自己的行為所帶來的後果，甚至跟他一起思考下次可以採用的方法。在這個過程中，別忘了認知心理學家皮亞傑所說的：「幼兒由操作中學習。」所以和孩子一起嘗試不同的方式，和他一起「打開」橘子，和他一起清理門框，幫他多觀察自己的行為如何對這個世界造成影響，同時也幫他建立了前因後果的邏輯。

在這個例子裡，綜合父性和母性的回應可能是：「媽媽看到你想自己剝橘子（同理），你的力氣還小剝不動（父性的設定限制），所以下次媽媽可以幫你先撥開一點皮（母性的關懷與協助），然後你自己撕下來（鼓勵孩子追求自主）。」

那麼，真的做得到完全不體罰嗎？其實，若孩子可以被了解，你狂怒的時刻並不會太多（一定會有，但是不會多）。在我自己的經驗裡，體罰往往是因為你自己內在的挫折已經到滿溢的程度，需要馬上宣洩時，才會發生。如上所述，區分體罰和兒童虐待的分野，就在於那個當下你是否還能思考。倘若你還能思考，你自然不會讓自己的憤怒主導你，讓體罰繼續下去而導致虐待。

管教的最終目的，是讓孩子學會如何以社會可以接受的方式解決問題，如果社會不鼓勵暴力，體罰的管教如何可以達到這個目的？但是話說回來，爸媽也是人，需要擔負其他的生活壓力，在面對無法用口語溝通的嬰幼兒時，有時難免會缺乏耐心，挫折就容易積壓而滿出來。這個時候，希望你可以在狂怒或極端挫折的當下，保持思考的能力。請記得，幼兒可以承受嚴厲的劑量，遠比大人少很多，你凶巴巴的表情與嚴厲的口氣，其實已經傳達了清楚的訊息，足以讓孩子覺得害怕了。

恐懼被體罰，或許可以降低孩子行為再發生的機率，卻因為缺乏跟他一起想辦法解決的過程，也沒有試著去引導孩子思考為什麼這樣做不對，所以對於改變孩子的行為（下次嘗試不同做法），效果並不大。

在憤怒的頂點，安靜兩分鐘

如果你還是氣不過，決定要打一下孩子的屁股（頭部、臉部或用力搖晃，都可能造成孩子永久性的傷害，別讓自己後悔），請在打第二下之前先想想：有必要嗎？如果你只是要提醒孩子不要再犯同樣的錯誤，打一下真的就夠了。其實，在憤怒的頂點，如果可以簡單告訴孩子，你很生他的氣，然後試著讓他罰站一兩分鐘，讓自己稍稍安靜下來降溫一下（這個安靜能夠讓你開始思考），此時對孩子的愛就能夠避免走到體罰的那一步（真的，有時候一分鐘的安靜就可能讓你轉念）。從我們的成長經歷裡，我們早體驗到體罰會讓我們留下身體的疼痛和心理的傷害，要一個不到三歲的幼兒承諾大人自己一定會乖，或是從此以後不再犯同樣的錯誤，對他們來說根本就是不切實際的要求。

因為事實上，幼兒本來就是從操作中學習，從錯誤中理解自己應該怎麼面對，犯錯當然無可避免。更何況每個大人對乖的期待可能都不一樣，在孩子腦中還沒有任何資料庫或基本做法的情況下，要他們想出大人可以接受的解決方式，那真的太難為孩子了。

我們要的，是幼兒能學會理解自己的行為會帶來的後果，以及造成其他人的負擔；我們要的，是日後孩子在惡劣情緒下還能思考的能力。雖然，四歲以前要達到這個狀態幾乎不可能，但是我們選擇的管教方式，對孩子處理自己的情緒，絕對有深遠的影響。所以，更有助益的做法是：同理孩子的渴望，協助他理解現實的限制與社會的期待，引導他觀察別人怎麼做，讓他知道在面對欲望與現實條件的衝突時，可以怎麼妥協。

當然，在某些狀況下，規矩的建立是無法妥協的，例如過馬路一定要牽著大人的手。這類的規矩雖然沒有可妥協的餘地，但還是有一點點可能的空間留給幼兒自主選擇。例如過馬路前，你先向孩子預告：「媽媽知道你想自己走、不想牽，但過馬路牽媽媽的手會比較安全（父性）。不然這樣好了，給你選你今天要牽媽媽的左手或右手（母性）？」

對於先天氣質比較執著的幼兒，這一點特別重要。因為如果他能在這個父性的框架裡，因著你以母性關懷給他的提議中做出自己的選擇（做不做得到，是他自己的決定），他就會比較心甘情願去執行。這一類堅持度高的孩子喜歡自己做決定，一旦他做出決定，就一定會執行，自然化解了幼兒和爸媽之間因為自主引發的角力。

當爸媽真的不容易，在摸索父性與母性的規範如何結合時，我同樣犯過許多錯誤（包括打過孩子屁股，或是有時自己心情煩躁時，表情語氣過於嚴厲）。我這個過來人的體會是：只要花時間，想清楚對你而言最重要的規範有哪些，引導孩子一步步去做，然後堅持這些界線，並溫柔給予孩子有限的選擇，帶養真的是可能越來越輕鬆的。有一天，你的孩子可能會像我的孩子一樣，回家說他很感謝媽媽是一個不會凶的媽媽，跟同學的媽媽不一樣。

請記得，你不必凶也能養出自律、守規矩、對學習有熱誠的孩子，而且，他還深深愛著你呢。

7

寶寶「人生的第一個叛逆期」

寶寶喜歡模仿好可愛！
寶貝動不動就有情緒該怎麼辦？
有理講不聽？到底要怎麼講才會聽？
為什麼寶貝不能等待？
為什麼寶貝會害怕或焦慮？
寶貝有自己的意見很難溝通？
我該如何和這個很自我的寶貝互動，
才能促進他的心理健康？
孩子的情緒來得又急又快，
有時甚至很極端，怎麼辦？

當寶寶開始會爬、開始學會走路，而且是在一個熟悉的環境與穩定的照顧之下，爸媽會發現寶寶醒著的時候，就是不斷忙碌地運用口腔來感覺物體，觸摸外在的環境，然後以身體的移動來探索這個世界。寶寶發現，自己越來越可以用動作或聲音來表達意圖，但是他也發現，對於自己的動作或行為，爸媽可能不再像以前一樣總是給予讚美，尤其是當他想進行探索時，爸媽有時甚至會禁止他去做。於是，寶寶開始經驗到立即而強烈的挫折。

一歲多一點的幼兒很愛模仿大人的動作。不要小看這樣的模仿，這是認知發展的重要佐證。模仿，表示他會觀察大人在做什麼，自己也想要運用剛獲得的技能，來複製這樣的動作。當然他不見得理解你為什麼要做這個動作，這時候如果你可以簡單地解釋一下讓他明白，對於他建構事物的概念會很有幫助。

當寶寶接近兩歲時，你也會發現他越來越有主見了。由於語言的逐漸獲得，他的主見能表達得更清楚，許多一歲多的幼兒最喜歡說的就是「不要」，外加超可愛的動作。有時講話讓你又好氣又好笑，有時行為讓你頭上冒煙的小寶貝，會帶給你很多的感觸。

以映射式的教養來面對寶寶的自我中心

如果我告訴你，一歲半到三歲的健康幼兒是需要自我中心的，你也許會感到訝異。但是要明白，在這個階段，寶貝的世界擴大了，因為他能夠運用動作技能去探索世界，和更多的物體接觸。在幼兒的認知裡，物體之所以存在，是因為他看得到它們、碰得到它們，他會覺得外在世界的存在和自己都有關聯。在和爸媽的互動中，寶寶也覺知到自己與他人是不同的個體，但是在心理的認知上，這個世界仍然是以滿足他的需求來運作的。

也由於這樣的自我思想，身為爸媽的你，對孩子的期待就必須隨之調整，教養重心也會放在如何逐漸幫助孩子理解現實生活的期待和限制，在滿足自我與現實限制碰撞時，如何涵容寶貝抗拒的情感，幫助他嘗試妥協。

要孩子學會等待是件困難的事，一部分是因為他的認知發展（他的腦部發展，還沒有能力在腦中預演接下來可能會發生什麼情況），再加上兩三歲的年紀對時間的觀念並不清楚，所以當你說「等一下再拿給你」或「明天再玩」時，孩子的理解是「現在沒有」，於是他的情緒馬上就起來了。當然這不表示你就要馬上滿足他，而是你會進入共同調節的安撫，告訴他為什麼等待是需要的。

有時你可能會用轉移注意力的方式來化解，建議你在這樣做的時候，試著同理並映射孩子內在的渴望，甚至連結他的渴望來做轉移。一旦孩子感覺自己被理解，他會比較願意聽從你的提議。例如，如果寶貝想在盛暑的正午出去玩球，但你覺得外頭太熱，或許你可以告訴他，你知道他很想出去玩球，但是現在天氣太熱不適合出門，因此你建議他可以先選好傍晚想帶出去玩的球，畫一幅玩球的圖，或是讀一本跟玩球有關的故事，或是在家中的遊戲軟墊區先玩拍球等等。這類的轉移提議都是基於同理他當下的狀態，對應到他內在的渴望。

寶貝會從這個幼兒期開始，進入想像力的階段，這時爸媽的引導是很重要的。有時候，想像力可以提供心理的補償，因為幼兒有所謂的「神奇式思考」（Magical thinking），通常到五歲時會達到顛峰——他們會以想像（例如，想像出自己想要的東西，或是等一下自己要玩什麼）來創造出機會滿足自己心裡的渴望，有許多繪本都描述了這種狀態，例如《查理與蘿拉》系列。孩子會從日常與你的互動以及你的引導中，學習到現實與想像的區別。

如何因應寶寶「人生的第一個叛逆期」

此外，這個階段的幼兒也會穩固他逐漸成形的自我感。大約在一歲半左右，孩子在社會心理的發展層面來到了追求自主的階段。台語俗諺說：「一歲乖，兩歲搝（磨娘的意思），三歲壞到要抓來刣（殺）。」這段話反映了從古至今，在孩子追求「自主」的同時，為父母所帶來的影響。在我的臨床工作裡，我喜歡和爸媽們分享幼兒期這個「人生的第一個叛逆期」。事實上，這樣的反叛，是孩子為了追求自主，為了形成有創造力的自我而產生的，並由此逐漸培養出自信心。

社會心理學家艾力克森（Erik H. Erikson）把人生的發展過程分為八個心理發展階段*，在幼兒期的心理發展任務是「自主」，或是相對應的「羞恥」。意思是：**如果爸媽能給幼兒「有範圍地」追求自主（試著自己做選擇，或想實驗自己的不同做法）**，孩子會開始相信自己的內在有足夠的力量，有能量給予這個世界，創造力與想像力也會源源不絕；反之，如果父母強硬壓制幼兒的探索行為，孩子便會開始對自己感到羞恥，甚至畏首畏尾，覺得自己的想法或行為不夠好，時日一久便會影響到日後的心理與人格發展。

---

*艾力克森的人格發展論把人的一生分為八大階段，分別為嬰兒期、幼兒期、學齡前兒童期、學齡兒童期、青少年期（青春期）、成年早期、成年中期以及成年晚期，每一個時期都有不同的心理發展任務。前三個分別是：信任、自主和主導。

為什麼這時期的幼兒會開始發展自主性呢？除了他們的肢體動作更進步之外，更重要的是他們還發展出了一個技能，那就是語言。語言，讓幼兒能更快地讓外在世界理解他們的內在，其中包括具體的或抽象的渴望、意圖或情感。在恰當的引導之下，幼兒開始能使用言語來自我表達。不過，**在這個階段，語言表達仍然是片斷的，需要爸媽來猜測前因後果**。

記得我家老二在一歲四個月大時，開始會用不同疊字和外界溝通。有天早上我聽到她醒來時叫媽咪，我進房把她抱起來時，她一直點頭，手還指著門的方向對我說：「好、好、好、好、好。」其實她要說的是：「媽媽，我起床了，我想要你抱我到外面去。」

接下來，就是內在與外在相遇的時刻（即所謂的映射式互動），我告訴她：「你想要媽媽抱你出去。」同時把她抱出房間。她很高興媽媽了解她的意圖，於是她會記得媽媽描述的「抱你出去」，很快的，「好、好、好、好」就變成了「抱你」，最後變成「抱你出去」。在這個過程中，媽媽的映射功能相當重要，因為媽媽透過語言和非語言的映射，讓幼兒理解自己的意圖如何用大人的溝通方式被表達出來。一旦幼兒產生「被同理」的感受時，也會間接促進幼兒的認知與語言發展。

寶寶需要你的認可及情感上的支持

當「自主性」成為幼兒社交心理發展的方向，他們的所有行為便會為了經驗這個自主而更以自我為中心。我們可以想像，一個動作還無法精細到可以無誤地自我控制，語言也還無法成熟到能精準表達，而且行為沒有經過任何社會化的孩子，在追求自主性時，如果爸媽或其他大人想加以控制他的自我行為，他內心的挫折及衝突是如何巨大。難怪我們會常在一些公眾場合看到幼兒和爸媽之間的角力：幼兒會用最擅長的哭鬧來得到想要的東西，而爸媽則一臉尷尬或生氣。

一般來說，在眾目睽睽下發生這種僵持不下的場面，很少大人能夠心平氣和地不介意別人的眼光。這個時候比較合適的方式，是把幼兒帶離現場，帶到一個稍微僻靜的角落，進行「父性與母性兼備」的管教方式：同理他想要的欲望（母性），告訴他現實的限制（父性），跟他一起度過這樣的失望與挫折（共同調節），等他稍稍平靜下來，告訴他在什麼情況下有可能滿足這個欲望，或是可否有其他替代方案，最後讓他自己決定（自主）。

舉個例子來說，假如你家的兩歲幼兒在超市裡看到糖果想要吃，這個時候你可以把他帶到一個比較僻靜的角落，如果你願意買給他，試著對他說：「媽媽知道你現在很想吃糖糖，但是我們還沒付錢所以不能打開。但是你可以選一種，媽媽買回家。」如果你不願意買，可以對他說：「媽媽知道你很想吃糖糖，不過我們家裡還有，吃完才能買新的。你可以想一想家裡的糖糖你比較喜歡哪一種，我們趕快回家去看看。」當你的提議中包含了他的渴望，你會發現，孩子會比較願意配合。

不管你的答案是什麼，都要同理孩子的渴望，簡單告訴他不行的原因，然後給他自主的選擇，會很有幫助。給孩子的選擇只需要兩種，不過這兩個選擇不管是哪個，都是要你能夠接受的。但是，請你務必要實現你的諾言，因為兩歲多的幼兒跟一歲時已經很不一樣了，他的記憶力和表達能力都大幅提升，如果你不履行諾言，下一次不管你提議什麼，他都不會買帳了。

幼兒雖然追求自主，但是相對處理問題的能力並不成熟，所以他們除了經常經驗挫折以外，焦慮和缺乏安全感也是他們很熟悉的情緒。此外，恐懼是在幼兒期一種完整發展的情緒，寶寶經驗到焦慮與恐懼，是從約十個月大的「陌生人焦慮」開始，而在接下來的階段，恐懼會發展得更完整。

以兒童精神分析師瑪格麗特．馬勒（Margaret Mahler）的分離與個體化理論（Seperation-Individuation）來解釋，約八個月大的寶寶在獲得爬行的動作技能後，開始從媽媽身邊移開，從這些分離的經驗裡，寶寶理解到自己和媽媽在心理及現實上是會分開的。等到寶寶十五個月大到二十四個月大時，會從「練習」分離的階段，進入「再靠近」階段。在這個「再靠近」的階段裡，寶寶更能理解自己是有可能失去媽媽的，於是會開始變得很黏媽媽，只要看不到媽媽就會嚎啕大哭。此時寶寶的心中是充滿衝突的：他既想要探索這個世界，但又怕看不到自己依附的對象，於是情緒會變得不平穩。這些焦慮甚至會擴大成怕黑，或怕某種動物、怕看醫生等等。

除了害怕失去照顧者的焦慮以外，寶寶也希望自己能做得很好，但在發現自己其實還需要大人的幫助時，他會更想得到大人在態度上的認可及情感上的支持。相較於嬰兒期，幼兒更能理解自己對照顧者的依賴，所以當他要跟爸媽分開時，心裡仍然會產生焦慮與恐懼，即使外表似乎看不出來。

此時，如果父母不理解這個階段的幼兒心理發展，而想要他更獨立，或是對孩子不耐煩，孩子就更容易產生被遺棄的恐懼，而出現許多情緒性的行為。

解除幼兒的恐懼，方法其實跟成人一樣：首先，就是要讓孩子知道自己在害怕什麼。如果孩子此時無法用言語清楚表達，就要仰賴父母的觀察來幫他定義恐懼或焦慮的來源。倘若孩子已能用言語表達自己的恐懼，爸媽則要以同理的方式跟他一起經歷這股強大的情感，讓孩子覺得自己有所依靠，能跟爸媽一起解決問題。這樣一來，恐懼就不會以情感式的記憶方式，演變成孩子的心理議題。

五個重點，打造幼兒健康心理的基礎

想要教養出心理健全發展的幼兒，有幾點建議：

一、建立一致的生活常規

把每天的日常活動盡量安排在固定的時間進行，例如每天吃飯、洗澡或上床睡覺的時間都差不多一樣。此外，在執行照顧的過程時，我非常建議你要有一致的流程或特定的儀式。如果你是請別人帶孩子，萬不得已要更換照顧者時，請先全盤了解前一個照顧者為寶寶定下的生活常規，並盡量協調維持相似的模式。這是因為幼兒喜歡能夠預期接下來會發生什麼事，這會給他們帶來安全感。

然而，這並不是說你的生活從此就一成不變，被綁得死死的，再說生活上也難免會有突發事件。碰到這種情況，你可以事先跟孩子解釋，並謝謝他願意配合，甚至你還可以給他一個值得期待的小獎勵來誘引他配合。但盡量不要以物質的東西來討好，而是以你的陪伴來獎勵，比如說，讓他自己選晚上要聽的床邊故事，或是決定明天散步時特別走一趟寵物店或水族館等等。有了這樣的預備，孩子的情緒就能夠比較平穩，配合度會比較高。

二、平衡常規執行與引導自主

爸媽在和孩子溝通及互動時，盡可能尊重孩子。一歲半以後的幼兒開始有了羞恥感，有時行為可能會跟以前不一樣，例如上大號時會叫你走開，此時要尊重孩子的感受，給他空間和尊嚴。有時候，爸媽會難以拿捏，這時請記得前面提過的「父性與母性兼備」的教養方式，在你為他設定的安全範圍內，讓他有自主空間可以做些小小的決定。當然年紀越小，越需要父母的引導來做出選擇，要讓一歲多的幼兒做選擇時，如果能讓他看見你要他選擇的物品，他會比較容易做決定。

不管在你看來，孩子的想法有多幼稚，這都是他自主想法的呈現。當你認真看待及專心聆聽時，他會學習到自己是值得被注意的、自己的想法是有價值的，這樣的經驗能幫他從自主進入下一個以「主導」為任務的心理發展階段。在主導的階段裡，幼兒會積極地面對自己遇到的問題，並試著自己主導找出解決的方法。

在生活中，尊重孩子的自主，最容易做到的就是認真回答孩子的問題。兩三歲大的幼兒因為語言發展大躍進，為了想要多理解這個世界，開始會用很多問題來和大人溝通。大人們如何認真聆聽，並用簡單明白的回答來回應孩子的問題是很重要的。這個時期你會遇到的挑戰，是如何用孩子聽得懂的話來解釋。一旦孩子能理解甚至是應用在恰當的情境裡，會帶給爸媽很大的成就感！

三、當孩子的爸媽，而不是他的朋友

有一陣子的親職潮流，非常強調父母應該當孩子的朋友，但對嬰幼兒族群來說，他們需要的是爸媽，而不是朋友。

在孩子的世界尚未被穩固建立起來之前，他們在許多方面都要仰賴父母的引導及帶領。在孩子人生的頭幾年，父母的教養能夠建構起孩子內心一個安全的大範圍，並讓他們知道自己是如何被社會所期待，這對孩子日後進入團體生活是非常重要的。

孩子需要父母幫他建立起常規，在這些常規中，包含了需要他控制衝動的一些規定。當孩子因為發展自主性或天生氣質較堅持，而不願配合時，你可以在規範的框架裡保留一個孩子可以自主決定的彈性空間。比如說，你希望孩子洗澡，但他總是不願意，這個時候千萬不要問他：「要不要洗澡？」因為「不要」這個你不樂見的自主答案也在選項中，所以你的問法就要巧妙地調整成：「**每個人都要洗澡（父性），你想要用香皂洗，還是用沐浴乳洗（母性）？**」**或是「這次你想要鴨鴨陪你洗，還是米老鼠陪你洗？」**

如此，幼兒就可在你樂見的範圍內做出自主的決定，這就是雙贏的結果。會有那麼一天，你需要巧妙地撤退成孩子的朋友，但是在那天來臨前，孩子需要你先當他的爸媽，告訴他是非對錯、理解他的感情，溫柔又堅定地引導他解決問題。

四、理解與包容幼兒突然爆發的強烈情感

在嬰兒期就開始產生的心理防衛機轉，在幼兒期會更頻繁地被用來「二分」（splitting）自己的情感經驗，將客體分為全好或全壞兩種，比如說好人與壞人、好媽媽與壞媽媽。所有好的感受與經驗，會停留在好的照顧者身上；反之，所有壞的感受與經驗會被投射出去在壞的照顧者身上，或是被壓抑下來。

在孩子心裡，照顧者的好與壞是依照當下的經驗來定義的，當孩子經驗到一個壞媽媽時（指無法讓他照自己意思去做，或無法馬上滿足他要求的媽媽），這個媽媽就完全是個壞媽媽。孩子在心理上，還不能夠將好與壞統整在同一個照顧者或同一件事上。這樣的二分法，

讓孩子在想法上缺乏彈性，容易造成情緒感受上的極端擺盪。

你會看到明明才哭得天崩地裂的幼兒，五分鐘後當你抱抱他，他立刻「前嫌盡釋地」跟你撒嬌起來，彷彿剛剛什麼事都沒發生似的。那是因為在那個當下，你又變回那個完全的好媽媽了。所以爸媽常常會覺得孩子的情緒來得又急又快，甚至有時候會覺得莫名其妙。

其實，孩子的情緒發作不是沒緣由的，只是有時候大人太忙，很難停下來好好觀察孩子的狀況。針對這種情況，有時我會建議爸媽可以錄影觀察，在孩子睡覺時間外可以錄影十到十五分鐘，然後在夜深人靜時播放，觀察一下什麼事會讓孩子開心，又是什麼事讓他受挫。這個方式，有助於爸媽理解孩子的情緒，以及理解孩子情緒的轉折，下次就能同理或映射他的情緒狀態。

對同一個客體「整合」愛恨的兩極情感，在幼兒心理發展上是個長時間的任務。從幼兒期開始，孩子會開始使用愛與恨的二分法來看待跟他互動的世界。身為大人的我們，最重要的是持續提供一個「扶持環境」，並在這樣的環境裡，敏感地察覺到幼兒鬧情緒的緣由。從一開始馬上解救到試著逐步撤退，爸媽在自己可以包容的尺度下陪伴孩子，讓孩子在情緒的擺盪中，仍然能夠明白他所幻想的外在攻擊，不會真的摧毀照顧者，而爸媽在他極端的情緒下還是能包容他、了解他。於是慢慢的，孩子便能逐漸整合分裂的兩極情感，意識到當下的壞媽媽，其實跟他心裡所愛的好媽媽是同一個人。

總之，當你越能夠理解在發展與心理層面，為什麼幼兒會有這麼極端的呈現，你就越能提供一個穩定又一致的照顧環境。當你的寶貝越有安全感，自我調節情緒的能力就會一點一滴越來越穩固，而你也會因為更了解孩子的狀況而相信自己的判斷力。一旦你可以對自己的判斷有自信時，自然就會依照孩子的狀況來調整你的親職技巧，而這樣的你，正逐漸成長為「夠好」的爸媽。

五、將帶養的目標放在幫助孩子自我調節情緒

不要急著塞給幼兒任何結構式的學習與知識，對三歲大的孩子來說，他們最大的發展挑戰是：不論環境如何轉換，情緒都能保持平靜。因為平穩的情緒能夠帶來專注，而專注才能進行有效的學習。

如果你擔心孩子學得不夠早或不夠快，我想跟你分享近期腦部發展的研究結果，都指出：情感與認知發展是相輔相成的，情感調節下的神經元連結方式，與認知處理的過程是相像的。換句話說，情感發展與認知發展會一起幫助幼兒形成對於情境的印象，然後進一步影響孩子的回應行為。所以久而久之，情感與認知會一起影響孩子的注意力、決策力與學習。

在社交行為裡，情感更進一步影響了孩子是否有能力訂立自己的目標，然後解決問題。孩子對於情感的自我調節，需要照顧者從共同調節開始，我們不能期待孩子入學後才去學習調節情緒，因為每個老師要看顧的是一整班的學生（一對多），無法個別照應每個孩子的情緒。所以身為父母，應該盡量在孩子學齡前，跟他一起做情緒的共同調節（一對一），對於孩子日後穩定情緒及學習都有很大的幫助。

陪孩子看書，就是培養專注力的一個好方法，親子間的共同調節也包含這樣的經驗。首先，選一本適合孩子年齡的書，然後決定採用哪種方式來吸引孩子短暫的專注力，此時你的陪伴可能有意想不到的效果。

比如說，講故事時搭配上好玩的語氣或增強的手勢和表情，可以讓幼兒跟你一起停留在這個故事裡更長的時間。對孩子來說，爸媽是個特別的存在，在他跟你緊密的關係中，你特別的呈現方式會讓孩子感覺很有趣，於是這個有趣的情緒，會讓他的認知願意停留在故事書裡更久。所以，書只是個工具，陪他一起讀書的你，才是吸引他專注的主要原因。

除了透過書這個工具來介紹世界以外，幼兒所有的生活體驗都會是他最好的教室。發展心理學家尚．皮亞傑強調：六歲以下的孩子需要經由具體的操作來進入學習概念，這點在幼兒身上更能清楚驗證。參與和操作，當然有許多不同方式，比如說，你可以用淺顯的語彙，告訴孩子你們一同看到的現象；你可以讓孩子參與某件工作，讓他觸摸某個物品；你也可以事先預告他將會看到的事物，讓他能夠加深印象等等。在上幼兒園前，你是第一個幫孩子理解世界的成人，你能夠做的，其實遠超過你能想像的。

不過，別急著當孩子的第一個老師。最重要的是，這一切學習都要在自然的生長環境中發生，跟孩子一起在放鬆的狀態下分享這樣的時刻。你知道的，最棒的學習總是包含享受成分的！

陪寶寶一起運動，比你想像中重要

雖然這本書談的是嬰幼兒的心理與情感，但是我想強調在嬰幼兒時期，身體和心理是密不可分的。真要思考學齡前的幼兒學習，動作學習可能會是個好選擇。

動作的精熟需要大量練習，在練習這些肢體動作的同時，幼兒們也會開始建構出對自己身體的概念，熟練神經元（神經細胞）的連結。運動不僅能強化幼兒的骨骼肌肉、促進身體健康，當孩子看到自己能夠越來越精準地完成動作時，也能讓他們增強心理層面的自主感及自信心。所以，如果你真的想讓孩子學些什麼，就帶孩子出去運動吧！就算是每天午覺後，帶孩子一起外出走走（可以逐漸加長距離），或是帶他到公園玩不同的遊樂器材，都有很不錯的效果。

運動對專注力的提升也有相當的幫助，已經有許多研究發現，在學習之前讓孩子們先運動一小段時間（二十分鐘左右），一段時日後，孩子的學業成績會有明顯進步。因為運動時，身體是專注的，可以更容易進入學習狀態。

對這個階段的孩子來說，外面的世界充滿了新奇，而他也努力想證明自己已經長大，不再是那個完全依賴你的小寶寶。在我自己帶養孩子的過程中，進入幼兒期的孩子總帶給我許多感動，他們探索這個世界時有那麼多興奮的第一次體驗，讓你總是忘情地看著他們，在感嘆時間飛逝的同時，也充滿了為人父母的欣慰與成就感。

別忘了，你正在雕塑一個心智，在你的雕塑之下（即使對你來說，這是個充滿挑戰的帶養時刻），在你夠好的教養之下，你會見證自己的孩子正逐漸長成一個快樂、有目標、喜歡學習的小人兒！

8

如何招待初到地球的火星人？
從餵食到自主進食

泌乳量不夠怎麼辦？
寶寶什麼時候斷奶才恰當？
為什麼讓寶寶去碰觸、經驗食物很重要？
要怎樣才能讓寶貝專心吃飯？
寶貝很挑食，只吃特定食物，我該怎麼做？
孩子不吃飯，強迫餵養對他有不良影響嗎？
什麼時候要放手讓孩子自己進食呢？

「吃飯皇帝大」，在帶養孩子時，寶貝吃得夠不夠、好不好，或長得強不強壯，在潛意識中往往成為華人父母評估自己帶養品質的指標。因此，在這個傳統價值觀的影響之下，餵食或多或少都會傳達給爸媽或是孩子壓力。

從心理健康的觀點來看，餵食其實是關係取向的，許多文化都以吃來傳達情感，例如在特殊節日裡，家人會聚在一起吃著特別準備的食物，來感受對彼此的愛。對餵食者而言，餵食本身代表了「當我餵養你時，我感覺自己的內在有足夠好的東西能夠給予你，希望你知道我是愛你的」，因此當自己的餵養被對方接受時，餵養的一方彷彿感覺自己好的部分被接納了，自己被感激了，是有能力給予對方滋養的。至於被餵養的人，所感受到的是「當我被餵養時，我感受到對方的愛與付出，接受對方的餵養時，我感覺自己是特別的，是值得被關愛的」。由於這些較深層的意識連結，因此在餵食的過程中，給予和接收的順暢度是否能維持，很容易影響雙方的情緒狀態。

從嬰幼兒發展的角度來看，餵食時雙方的互動品質，大大的影響了依附關係。我們現在已經知道，依附關係攸關孩子的心理發展。當孩子拒絕進食，在餵養的過程中，流動在彼此之間的情感可能是焦慮的或負面的。比如說，當孩子被照顧者追著強迫餵食時，進食就成為一個很有壓力，無法伴隨愉悅享受的過程。

沒有任何父母會喜歡強迫餵食。當正常的餵食被拒絕，或是孩子進食量過少，照顧者自然會感到焦慮。除了擔心孩子長不好，大人的潛意識裡也會有彷彿自己無法提供夠好的東西來滋養孩子的負擔，而在情感上產生被孩子拒絕的受傷感，久而久之，焦慮與受傷累積成了挫折，最後就容易以憤怒的樣貌被發洩出來，餵食過程的親子關係也會變得異常緊張。由於每天都有好幾次的餵食，不愉快的狀況持續累積，很容易就會影響到親子間的依附品質。

在我的臨床工作上，就經常見到因為餵食議題而掙扎的親子。只要餵食這件事讓雙方感到壓力，比如你觀察到自己會因孩子不吃飯而生氣，或是類似的不愉快氣氛總在進餐時發生，影響到親子關係及親子互動，那麼餵食狀態就值得你思考，甚至尋求更專業的協助。

關於餵食議題，以下是幾個父母比較常會碰到的疑問。我希望能從這些問題中，跟你一起思考並理解孩子可能的情緒經驗，然後覺察出你跟孩子目前的狀態，最後希望提供的一些方向可讓爸媽們思考或嘗試。

乳汁不是最重要，重要的是你的陪伴——奶量不夠怎麼辦？

媽媽在餵奶時經驗到的情緒，很容易影響到乳汁的分泌量；而寶寶進食時的情緒，則和消化系統的運作息息相關。當乳量分泌不夠時，寶寶往往會因為沒有吃飽而哭鬧，這樣的反應更讓原本就焦慮乳汁分泌不足的媽媽更加焦慮，所有在當下帶養的語氣、表情及姿態動作，都可能會以僵硬或不耐煩的狀態傳達出來。接收到這些情緒的寶寶，他的情緒也無法平靜下來而造成吸吮不穩定，乳汁就無法順利分泌，一個惡性循環就展開了。

大人自認為理所當然或很容易的進食，在每個寶寶身上都有可能是不同的挑戰。你練習餵奶的同時，寶寶也在練習喝奶。在子宮裡的寶寶從來沒有吸奶經驗，但是一出生後，我們會觀察到他本能的尋乳反射（即手指靠近寶寶的嘴巴時，他會張口並把臉轉向被碰觸的哪一邊），這表示寶寶的身體依循著一個規律，讓該發生的事發生了。即便如此，並不代表寶寶馬上就會吸吮。

餵母乳的媽媽都知道，乳汁的分泌量和寶寶吸吮的多寡有關。如果你的寶寶進食的胃口或是食量有明顯變化，建議你一定要先諮詢小兒科醫師，看看是否有任何生理狀況是先前沒有偵測到的。在焦慮自己奶量不足時，別忘了寶寶也可能面臨了一些挑戰：

1寶寶在吸奶時，需要協調呼吸和吞嚥，一開始他還在練習協調這兩者。當寶寶很餓而用力吸吮時，有時容易在吞嚥時嗆到，把他原本平穩的情緒狀態打斷了。嗆到的經驗容易讓一些寶寶不願意再多吸一點，因此他會需要你的安撫與多練習。

2寶寶的口腔肌肉張力不夠強，可能沒有足夠的力氣順利吸吮與吞嚥：有些肌肉張力較低的寶寶，在進食上會因為先天狀況而比一般寶寶吃得慢。

3寶寶若是有其他的生理狀況，例如寶寶被診斷有胃食道逆流，就比較適合少量多餐，請爸媽遵照醫囑進行餵食。

4每個寶寶先天氣質不同，有些比較容易分心的寶寶，可能會被環境中的噪音打斷進食。此時將他帶到一個清靜的環境，可以幫助他專心吸吮。

美國的小兒科醫生一般會建議，如果願意親餵母乳，第一年讓寶寶喝全母乳是最理想的。但是如果媽媽乳汁分泌不足、又很想全母奶餵養時，請先觀察自己在餵養時的情緒：假如餵養時，你一直聚焦在奶量不足而感到焦慮，甚至由此感到生氣或愧疚，就要謹慎考慮是否非要全母乳不可。因為寶寶會從你身體的緊繃而感受到這些情緒，就算寶寶能多喝到一些乳汁，卻缺少了依附的溫暖與安全感，長久下來，極有可能會影響到親子關係。

在這種情況下，如果改用擠乳方式來測量乳量然後瓶餵，或是餵一點配方乳，讓媽媽從擔心寶寶可能吃不飽的焦慮中放鬆，不失是一個好辦法。如果你努力過了，最後還是要補充配方乳，也不要因此而感覺愧疚或對自己生氣。我們在前一章提過的恆河猴實驗已經說明，比起乳汁，寶寶更需要的是陪伴與撫慰，所以千萬不要因為乳量不足而讓自己陷入負面的情緒，影響到寶寶和你每天的相處。

寶寶厭奶與進食固體食物

有些寶寶在四個月大時，會出現所謂的厭奶現象。這不是不可能，因為你的寶寶是個小小人，他可能有他自己的偏好。寶寶進食固體食物的時間點，各有不同的專業建議，但一般都落在寶寶四個月到六個月大之間。此時建議可先諮詢小兒科醫師，看看以寶寶的身體狀況是否適合開始進食固體食物。在這個階段，爸媽可以把固體食物想成是寶寶的點心，由於開始只能餵食米精或麥精，寶寶還是很需要乳汁的營養，因此定時的餵奶還是很需要的。

到了寶寶六個月大左右，就可以開始進食單一種的固體食物，比如蔬菜泥。我建議一開始先讓寶寶嘗嘗味道，看他是否喜歡，接下來再給他多一點份量試試。在這個試食過程，可用溫柔的話語鼓勵他，比如：「今天我們要來試試胡蘿蔔囉，小白兔很愛吃，看看你喜不喜歡，來，先吃一點看看。」先餵食一小匙，寶寶可能會出現怪表情，你就說：「很特別，對不對？再試一次……」不要急著餵完，你可以把寶寶想成是初到地球的火星人，地球人友善地拿出各種食物來招待，看著形形色色的食物，火星人既不知道味道如何，也不知道自己喜不喜歡。寶寶也一樣，一定有些食物他會比較喜歡吃，有些味道他會排斥，這都沒關係，重要的是你如何鼓勵他去嘗試，如何耐心地等待他的反應。當然，如果寶寶喜歡吃，你會很開心，你們之間的情感流動就會是強烈且正面的。如果他不太喜歡，也不要因此覺得挫敗，找一天再試一次，說不定第二次寶寶的接受度會比較好。

要餵到多大，才讓寶寶自己吃呢？

前面提過，寶寶在一歲左右開始逐漸有自主性，但在餵食上，我們鼓勵更早讓寶寶自己去經驗食物。如比說，七八個月大的寶寶已獲得不少的動作技能，你可以準備一小部分的食物讓他自己碰觸或捏取。如果你是個很注重整潔的媽媽，相信看到這裡，眉頭就先皺起來了。因為你想的是：這一搞，打掃起來就頭疼了。

我自己的做法是：先墊一塊塑膠布在寶寶的餐椅下，等寶寶吃完就可捲起塑膠布拿去沖洗，這樣就不會花太多時間在打掃或整理上。如果這個方法對你沒幫助，我建議一天中只選擇一餐這樣做，這樣你只需要打掃一次。

為什麼讓寶寶經驗食物是重要的？就像大人一樣，寶寶也會好奇自己吃的是什麼。我們因為好奇，而想要從經驗中追求答案，如此學到的知識很快就能成為自己的常識。寶寶也一樣，允許他去探索與發掘，其實能夠拉近他與食物的距離，這個年紀的寶寶，是以觸覺和味覺來探索食物，甚至是探索世界的。寶寶必須學習自己去掌控食物，聞一聞、捏捏看、再嘗嘗看，探索食物的同時也讓自己去了解食物，進食才能帶來愉悅的感覺，從而喜歡上進食。因此，從發展的角度來看，我們很鼓勵父母在寶寶一歲前就讓他開始去經驗食物。

將近一歲的寶寶，肢體動作已更加熟稔，可以讓他開始嘗試自己進食。所有爸媽都曾有過這樣的經驗：在寶寶自己進食的那一餐，一陣混亂過後，你看著他沾著醬汁的臉、髒髒的餐盤，還有掉滿食物的地板，發現自己完全沒有食欲，甚至感覺有點噁心。我之所以跟你分享這個經驗，是想強調：髒亂是一定會發生的。寶寶正在學習，你要允許這樣的髒亂進入生活。好消息是，你讓他練習得越多，在接下來的日子裡，髒亂的情況就消失得越快，因為寶寶的肌肉控制會越來越精細，餵食自己的動作會越來越精準。在讓孩子吃得好、吃得夠之前，先不要太擔心餐桌禮儀。因為在此之前，他必須先喜歡吃東西，必須感覺吃飯是件愉快的事，他才會主動吃飯。

斷奶很困難？溫柔的漸進式斷奶對寶寶很重要

寶寶一天一天長大了，到了某個時間點，爸媽就會開始考慮是否該斷奶了。斷奶沒有所謂最好的時間點，每個家庭的狀況和考量點都不一樣，如果寶寶還小，但因為母乳不再分泌而斷奶的話，都會改用配方奶或搭配固體食物。

至於餵奶要餵多久，則見仁見智，小兒科醫師或母乳協會的人給出的答案可能不一樣，但還是有一個最基本的認定，那就是直到嬰幼兒能開始進食餐桌食物前，喝奶（不管是母奶或配方奶）仍是孩子攝取營養的主要途徑。也就是說，真正的斷奶大部分是發生在一歲以後的幼兒期，但在幫孩子完全斷奶前，我們要思考的是，喝奶除了解決肚子餓以外，還對孩子有哪些意義。

在寶寶出生後的第一年，喝奶的生理意義大於心理意義，但是到了第二年之後，其心理意義就會逐漸大過生理意義——喝奶變成安全感的主要來源。尤其在寶寶即將跟你分離或自我狀態轉換時（例如從醒著狀態到即將入睡狀態），會特別渴望喝奶，渴望這個安全感。這是因為「吸吮」是寶寶最熟悉的自我慰藉方式，不管是吸吮手指頭或吸吮奶嘴，都是寶寶幫自己調節情緒的方法。當寶寶邁入幼兒期時，你也會觀察到孩子不再像嬰兒期一樣因為肚子餓而專心吸吮，有時甚至只是想跟媽媽經驗一下親密感，馬上就不吸了。因此，當父母考慮幫孩子斷奶或斷奶嘴時，請一起思索孩子在當下的生理和心理層面的需求，才能順利地幫幼兒度過這個分離。

以心理健康的角度來看斷奶或斷奶嘴，最好的方法就是循序漸進，並且培養其他方法來滿足孩子的生理與心理需求。你可以跟孩子一起發掘吃固體食物的樂趣，可以幫孩子找出方式來調節自己的情感，讓他與過渡性的客體產生情感連結，例如可以抱著的小玩偶。

道理其實很簡單，如果喝奶或吸吮奶嘴可以帶來安撫與愉悅，你就不該期待當你要減少這個美好經驗時，你的寶貝會乖乖接受。你要想的，是如何以一些替代方式來幫孩子循序漸進地習慣越來越少的吸奶（或奶嘴）頻率。孩子當然會哭會抗議，問題在於你如何包容並試著讓孩子明白，你會跟他在一起，他仍然擁有你的擁抱、你的氣味和溫柔的語調。同時，請耐心給孩子更長的時間來慢慢適應，就算有的孩子兩個禮拜就戒奶成功，你卻要花上兩個月也是值得的。記得請以孩子可以承受的劑量來設計這個戒斷過程，並盡量前後一致地去執行。

所有餵母奶的媽媽都會面臨戒夜奶的大挑戰，這裡的夜奶，指的是臨睡前寶寶必須吸吮母奶才能入睡的那一次。如果以循序漸進的方式來處理，你可以把每天的夜奶變成兩天一次。沒有給寶寶夜奶的那一天，你會需要幫手，因為寶寶可能會哭鬧很久，你要堅持並跟寶寶說話安撫他，讓他明白，即使沒有夜奶，你還是在他身邊。有的媽媽會擔心一天有一天沒有，寶寶容易混淆，這點倒不用擔心，只要堅持下去，寶貝會逐漸習慣，況且，你也需要間歇式的休息。

從兩天一次的夜奶，再看寶寶反應（哭鬧的時間）後可延長為三天一次、五天一次，到完全戒掉夜奶。或許讓你的寶寶改吸奶嘴，對戒夜奶也有幫助，不過大部分餵母乳的寶寶都不喜歡奶嘴，而且到了幼兒期，你還要花心力再幫孩子戒奶嘴。所以不想再麻煩一次的父母，戒夜奶時，就要想辦法讓孩子身邊有一些熟悉的氣味或物體，來補償夜奶給他的安全感。

如何讓寶貝專心吃飯或是在一定時間吃完？

關於讓孩子專心吃飯，不二法則就是固定的用餐時間及用餐地點，當全家人一起坐下來吃飯時，不要開電視也不要有其他干擾，孩子自然就能比較專心進食。言教不如身教，這一點是不證自明的。

有的爸媽會因為孩子吃飯老是拖拖拉拉而煩惱，寶貝吃飯會拖時間，很有可能是因為他根本不想再吃，但是礙於你的權威，他只好繼續坐著，偶爾吃一口「表演」給你看。事實上，只要飲食時間固定，不吃太多零食（正餐當然吃不下），有足夠的活動量，進餐時間一到，孩子自然就會餓了。所以，吃飯前盡量不要讓孩子吃點心。至於用餐的時間，太短或太長都不適合。倘若用餐時間過短（例如短於十五分鐘），孩子可能沒有時間充分咀嚼，囫圇吞嚥；反之，用餐時間過長（例如超過一小時），兩餐之間的間隔被縮短了，孩子不容易有飢餓感，就容易影響到下一餐的胃口，而且在非自主情況下被規定延長進食，也很容易讓孩子感到疲倦。

孩子挑食怎麼辦？如何讓寶貝吃得更好？

如果你的寶貝享受吃東西，他就會吃得好。所以，我們可以繼續問的問題是：「如何讓他喜歡吃東西？」「我的孩子只喜歡特定食物，很挑食，我想知道我可以怎麼做？」

針對第一個問題，我的第一個回應是不要當完美的爸媽。當寶寶自己試著吃飯時，他同時在探索著如何使用餐具，也在享受這個過程。請不要在錯誤發生前就急著出面解救，例如當孩子歪斜地拿杯子時，媽媽就馬上把杯子轉正，以免牛奶流下來；或是孩子拿不好湯匙，就馬上幫忙餵食。

吃飯可能變成寶寶的自主跟你的完美在比賽，以致模糊了焦點，讓這個過程變得很不愉快。你會發現大一點的孩子會緊閉雙唇或把頭別過去，以示抗議。在某個範圍內允許孩子在進食時探索是很重要的，因為自主性的經驗能讓孩子喜歡上他吃的東西。這是帶養零到三歲幼兒的重要目標——讓他感覺到肚子餓了，理解這是身體要求他吃東西的訊號，然後去感受選擇食物的喜悅、進食時的愉悅，以及進食的滋養意義，孩子就能平順地發展出自己的飲食習慣，無需父母擔心。

也許你會問：所以吃飯時，我應該讓孩子愛怎樣就怎樣嗎？當然不是，你記得先前提到的「父性和母性皆備」的親職方式嗎？你可以先設定一個範圍讓孩子去經驗他的食物，以喝牛奶為例，你可以一次只倒入很少很少的量，讓愛玩餐具的孩子很快就沒得玩，然後你再告訴他：「對啊，牛奶本來要從這個洞流到你嘴巴裡的，但是你玩光光就沒得喝囉。」過一會，你再問他想不想喝牛奶，如果孩子點頭，你就趁機告訴他：「這次要把牛奶喝光光喔。如果你想玩，就玩餐盤上那些流出來的。」像這樣有範圍的限制，可以幫孩子明白他的行為會造成什麼後果，而這個後果是會直接影響到他自己的。在這樣的過程裡，你既沒有完全剝奪他想嘗試的機會，同時也可以讓孩子明白為什麼不要這樣做的原因。

如果你的寶貝很挑食，我們通常會建議爸媽把孩子喜歡和不喜歡的食物列出來，從中尋找蛛絲馬跡。通常，挑食的寶貝可能是因為只喜歡某種口感或嚼感。此時，爸媽可擬定一套飲食計畫，從變化形狀、嚼感等方式著手。舉例來說，如果孩子偏好軟流質的食物，想要拓展他吃東西的種類，可以先在稀飯裡面加入一點蒸飯，慢慢再增加蒸飯的比例（蒸飯的好處是，你可以連蔬菜或蛋一起蒸軟）。漸漸的，你再加入魚或碎雞肉，或是富含蛋白質的豆子等變化菜色。一旦孩子可以接受這些配料，再將蒸飯換成白飯，但仍然給他這些蒸過的配菜，慢慢讓孩子不再只吃固定的食物。這也就是溫尼考特所說的，做任何調整都要是孩子可以承受的劑量。

你要謹記的原則是：每一次調整，食物裡一定要保留幾種孩子熟悉的元素。這樣他的抗拒不至於會太大，然後再給予孩子自主進食的機會，或是更多的參與感。例如兩歲多或三歲的幼兒，你可以帶他一起上市場，讓他決定兩種今天要吃的東西，這些都可以增加孩子的參與感。

要注意的是，寶寶挑食可能有多種原因。首先，請確認寶寶是否有咀嚼不易或吞嚥困難（例如不太會吞口水）的情況，可以先諮詢小兒科醫師。臨床上，我們曾觀察到，幼兒因為有過被噎到的經驗而拒絕類似的食物，例如曾被葉菜類食物噎到，可能就會讓個性謹慎的幼兒從此拒吃任何綠色食物。此時建議你可以改變食物的形狀或觸感，例如將蔬菜和碎肉混合做成丸子。

面對孩子不愛吃飯或餵食困難，爸媽要試著去了解背後的可能原因。有時候所謂的餵食困難，其實和爸媽的期待或自身經驗有關，換句話說，是餵食當下的互動引起的。在我的臨床工作中，就有一個讓我印象深刻的個案。案主是一個越南籍的難民媽媽，她因為孩子餵食困難而尋求協助。透過諮商過程，她終於理解到原來她眼中看來的餵食困難，其實是因為自己受過飢餓創傷的投射，才會對孩子的進食量抱著過高的期待。首先，她選擇的湯匙是成人使用的大湯匙，寶寶一看到大湯匙就開始尖叫抗拒，由於她會害怕孩子無法吃飽或營養不夠，餵食時不等孩子咀嚼完，就迫切地想餵下一口，這種緊張的填鴨節奏反而讓孩子一直不斷地扭曲身體逃避餵食。其次，當孩子沒能吃完她所準備的食物時，那個曾在海上漂流、沒東西可吃的自我就會跳出來，生氣孩子不懂得珍惜，兩個人都陷入強烈的負面情緒當中，完全模糊了餵食的焦點。當然這是一個比較極端的例子，但是有時回頭去想想自己原生家庭的餵食文化，或許可以幫你思考現在你所面臨的餵食議題。

孩子不吃飯，爸媽一定會焦慮，但是強迫餵食只會讓孩子更想逃避，無法學會自己主動進食。主動進食是孩子生命中最重要的第一個學習，如果你無法做到讓孩子全權自主選擇，或許可以想想自己可以承受的劑量是什麼，比如一週挑一餐放手讓孩子做主，這樣至少你不用害怕孩子攝取的營養會不夠，然後再逐漸增加為一週兩餐。當然，如果孩子的進食量實在少到令人憂心，建議你還是帶去看小兒科醫師，檢查看看是否有其他生理狀況需要協助。誠如前面章節所說的，依附關係就是建立在日常累積的互動上，因此千萬不要小看餵食、睡眠，或是攻擊行為等情況為親子關係帶來的影響。希望我們的孩子在幼兒期，就能自主地學習到自己身體的生理需求與食物的良性關聯！

9

一起來玩躲貓貓吧

焦慮與安然入眠

寶寶為什麼會焦慮？
要讓寶寶睡多久才算足夠？
該如何養成寶貝良好的睡眠習慣？
到底該和寶寶同床，還是讓他自己睡？
寶寶不睡覺，該怎麼辦？
從噩夢驚醒的寶寶，除了安撫，還能做什麼？

為什麼睡眠和焦慮，會放在一起談呢？在這個章節，我想要協助爸媽們理解，在零到三歲的生命經驗裡，焦慮，是一個非常重要的情緒。許多所謂難帶養或是孩子的問題行為，包括睡眠問題、攻擊行為等等，其實都和焦慮或多或少有關係。

你可能會納悶：「我盡心盡力地提供我的寶貝最好的生活環境，他還會焦慮？這些焦慮是哪裡來的？」我希望你讀到這個章節時已經理解到，孩子的情感經驗是他和世界互動時產生的，例如：人們如何和他互動，給予他什麼感受。

如果你仔細想想就會發現，寶寶的生活是被規範的，在固定的生活常規下，他依賴你的決定來經驗下一件事，自己沒有太多的控制感。因此，生活本身就會帶來焦慮，更不用提從幼兒期開始，爸媽就會開始教養寶寶的行為，社會化他們初步凝聚的自我感，或是寶寶因為不成熟的發展能力，而時時經驗到挫折與挑戰。所以，焦慮是在這個時期發展中，幼兒們本來就會經驗到的。

有怪物？寶寶的想像與焦慮

寶寶在開始探索世界的同時，會發現到探索的結果不一定會帶來美好的經驗。例如他好奇去抓了貓咪的尾巴，卻被貓咪反咬了一下；爬上溜滑梯，卻從滑梯上滾下來撞到臉。於是，寶寶會開始對新的情境產生焦慮感，不確定自己探索的事物會帶來什麼樣的經驗。當他的認知能力越來越成熟後，可能開始把這些情感記憶連結到日常所經歷的事物。例如寶寶原本對吸塵器的噪音沒有反應，卻在幼兒期突然開始害怕起吸塵器的聲音。

再者，幼兒期也是想像力萌芽的時期。在一個三歲幼兒的想像裡，自己衣櫃裡的怪物可能會發出像吸塵器一般吵雜的聲音。所以在這些發展因素的交互影響下，寶寶很容易會出現焦慮與恐懼。就親子關係來看，孩子雖然覺得自己現在可以做很多事了，卻也發現大多數時候還是要依賴你，因此，他會期待你如何回應他，而等待回應這事就會帶來焦慮，包括大家都熟悉的分離焦慮。此外，對你發脾氣的寶寶，內心深處其實也會焦慮，因為他害怕這樣發脾氣的自己，父母會不會從此不愛他了。

那麼，針對寶寶的焦慮，爸媽應該如何處理呢？

1 你必須理解這是幼兒心理正常發展的一部分，並提醒自己，這個階段會慢慢度過。這樣的理解，有助於你更有耐心地去看待孩子的情緒。

2 映射孩子的焦慮情緒。告訴孩子你知道他在緊張或害怕，並以你對他的了解去猜測可能的原因，強調在任何情況下都會保護著他，甚至當他可能暫時看不到你（比如你去上廁所）時，你都會確保環境是安全的才離開，並且會馬上回來。

3嘗試和孩子談談他們的恐懼。一旦焦慮和恐懼可以用語言描述出來，影響力就會小一點。如果你的孩子還無法用言語描述，你可以採用問答方式、陪孩子讀相關主題的繪本，或是用玩偶玩假扮遊戲等方式，慢慢猜出孩子在害怕或焦慮什麼。

4和孩子一起想辦法。當孩子已經有語言描述能力時，他會進入一個象徵式的世界，這個時候可以和孩子一起想想做些什麼來保護自己，例如畫一張「禁止怪物進入」的圖貼在門板上等等。

有些時候，睡眠議題也會跟焦慮有關，尤其是跟父母的分離焦慮。當孩子發現睡著時，你不在身邊，或是當他做夢驚醒（白天無法消化完的強烈情緒所致）時，你不能馬上抱他安慰他，彷彿都印證了他可能被遺棄的深層恐懼，於是孩子會陷入恐慌，進入難以安撫的情緒狀態。

一暝大一寸，如何才能讓寶寶一夜好眠？

以心理健康的角度來看，許多的睡眠議題其實就是分離焦慮議題的延伸。除了影響幼兒心理發展以外，睡眠對孩子到底有多重要？首先，睡眠不足會影響寶寶的生長發育，還會影響腦部發展、免疫力、食欲，甚至是情緒。所以在日常照顧上，爸媽如何提供寶寶睡前的安撫，或是當寶寶夜半噩夢驚醒時，如何耐心安撫他，讓孩子有安全感，消除內在的焦慮，都是寶寶能一夜好眠的關鍵。

兩個月大的寶寶會睡睡醒醒，然後逐漸有晝夜節律之分，白天醒著的時間會越來越長，晚上睡眠時間也會越來越長。但是因為寶寶晚上需要喝奶，所以頂多睡個五至六個小時（大部分的寶寶通常會睡個三到四個小時）就會醒來喝奶。美國小兒科學會（American Academy of Pediatrics）指出，對三到五個月大的健康寶寶來說，晚上可以連續睡五到六個小時就算是「睡過夜」。大部分的寶寶在九到十個月時，晚上就可以連續睡六到八個小時，白天還會小睡個二至三次。但是，還是有小部分的寶寶無法睡過夜，如果你的寶寶是這種情況，身為照顧者的你自然會又累又辛苦了。

對於寶寶的睡眠，你應該有一籮筐的問題：寶貝應該睡多久才算睡夠？是否應該為了維持頭形漂亮而讓寶寶趴睡？是否該和寶寶同床？何時適合讓孩子離開主臥室自己睡？兩三歲的寶寶如果難以入睡或有夜驚情況，該怎麼處理？以下我們會先從最基本的問題開始談起。

寶寶應該睡多久才能健康成長？

每個寶寶對睡眠的需求可能不盡相同。根據美國小兒科學會的建議，一個月大的寶寶每天需要睡到十六個小時，一歲的寶寶需要睡十四個小時，而三歲大的孩子需要睡十到十二個小時。以上的時數是晝夜睡眠的總時數，這些指標時數會因為寶寶狀況而增減一到兩個小時。不過由以上數字可以看出，寶寶的睡眠總時數會隨著一天天長大而緩慢遞減。

那麼，又要如何確定寶寶睡得夠不夠呢？如果你擔心你家寶貝睡得不夠，最好的觀察指標，是看他清醒時的整體表現。健康的寶寶可能會因為好奇外在的世界，白天活動力良好，即使想睡也會硬撐，但是，如果寶寶已經累積一陣子的睡眠不足，就跟成人一樣，身體容易疲倦，情緒也容易煩躁，甚至會影響食欲及注意力。

一般兩三歲前的幼兒，白天都還是會小睡一下，但不致影響晚上的正常睡眠。不過在我的臨床工作上，經常碰到的問題是：「我的孩子晚上不睡覺，怎麼辦？」如果你也有這個困擾，建議你先做一週的睡眠紀錄，看看孩子每天睡覺的總時數和小兒科醫生建議的時間到底差了多少。幫幼兒做睡眠紀錄的好處是，你可以很清楚看到寶寶的作息，以及他會在一天中的哪個時段睡覺。我發現有些爸媽會陷入一種惡性循環中——寶寶愛玩所以錯過午覺時間，等到傍晚太累睡著了，爸媽捨不得叫醒他，所以這個「午覺」就睡到了晚上七八點。在這個大充電後，寶貝當然又能繼續玩個五六個小時，於是到了半夜一兩點才上床，讓大人小孩第二天都精神不濟。有時候因為家庭作息的安排，例如媽媽希望爸爸花時間跟孩子相處，因此全家的睡眠時間都往後延。不管如何，這個記錄表可以讓你看清楚寶寶不睡覺的原因，思考是否要調整寶寶的睡眠習慣。

該怎麼養成寶貝良好的睡眠習慣？

在寶寶剛出生的新生兒階段，你就可以幫他開始建立良好的睡眠習慣。例如你可以用輕撫、吸吮或輕搖等方式，在寶寶該睡覺的時間哄他入睡；而在寶寶清醒時段，則可以逗他說話或跟他玩。打一開始，你就要學會辨認寶寶想睡的跡象，例如較大的寶寶可能會一直轉動頭部摩擦自己的臉。當你讀到寶寶給你的訊號並進入共同調節時，寶寶從清醒到入睡的自我狀態會轉換得很平順，對於日後他要開始面對這個狀態轉換會很有幫助。

良好的睡眠習慣，指的是建立一個睡覺常規，這包括大致固定的上床時間與起床時間、一致的睡前儀式（即睡前準備流程，可以是睡前祈禱、嬰兒按摩、床邊故事，或是孩子較大時的刷牙等等）。大約在寶寶一歲前，這個睡前常規就可以慢慢建立起來。你可能會說，剛剛不是提到就因為生活中規範太多，寶寶才會感到焦慮，那為什麼還是需要建立一個睡眠常規呢？其實，以長期的發展來看，這些大致固定的常規可以讓寶寶在心理上為接下來的狀態轉換做好準備。一致的儀式能幫寶寶預期到同樣的事情會發生，而他們也知道接下來要做什麼。這個預期就可增加他們的控制感與安全感，反而能夠減低他們的焦慮。

在良好的睡眠習慣中，我想特別談一下孩子的上床時間。由於現在許多都是雙薪家庭，爸媽下班的時間很晚，回到家還有許多家事要做，或者是爸爸很晚下班，媽媽為了讓孩子能夠和爸爸有時間相處，都會讓孩子養成晚睡的習慣，但隔天又要早早送去托兒所或保母家，長期下來，孩子就容易睡眠不足。以身體的機能與內分泌功能來看，晚上十點到清晨兩點最好能進入深層睡眠，身體的運作才能達到最佳化。所以，建議爸媽還是要以孩子應該睡足的總時數來調整孩子的上床時間。最好不要讓寶寶太晚睡，如果擔心爸爸和寶寶無法建立感情，也許可以利用週末或是週間的一兩天，請爸爸稍微早一點下班，有更多的時間陪寶寶。

想要重新調整寶寶的睡眠時間可以這麼做：

循序漸進。每次只調早十五分鐘或半個小時，每次花幾天或幾週時間讓寶寶適應新的睡眠時間。等他適應了再往前調早一點，可能要花幾個月的時間才能改變寶寶的睡眠時間。幫寶寶做任何改變，都要謹記溫尼考特所說的「可承受的劑量」原則。早睡不但有助於寶寶的成長發育，也有助於夫妻維繫情感，如果寶寶能在九點上床入睡，表示夫妻每晚至少有一到兩個小時相處，不會因為寶寶的出生，夫妻從此就沒有機會交流。否則日子一久，肯定會影響婚姻品質，以及影響你的情緒與親子互動的品質。

營造入睡環境。寶寶就寢時，盡量讓整個環境是黑暗的，好讓大腦的褪黑激素可以專心分泌。這表示你需要放下手邊的工作來陪寶寶上床，等他睡著。有的爸媽會抱怨就這樣陪著陪著，自己也會跟著睡著而錯過本來想做的事。建議你調整想法：若你真的睡著，表示你也太累了，不如好好睡一覺明天再說。如果你要做的事非常重要，可以在上床前先想好補救方式，比如先調好鬧鐘，明天早點起來完成。畢竟，讓寶寶養成每天規律上床與起床，對他的成長與健康是無價的！而且現在開始建立寶寶的睡覺常規，到寶寶四五歲時往往已經習慣生理的節律，在你講完床邊故事後就能安然入睡，還能一覺到天亮，不需要你再犧牲晚上的時間來陪他。

一起睡或分開睡？

在華人文化中，似乎很少會讓幼兒自己睡在另一個房間，原因除了與中國文化強調家庭而非個人主義有關，有時也因為居住的空間有限。美國小兒科學會不建議寶寶跟父母同床（有可能會提高嬰兒猝死率），但是建議寶寶應該跟爸媽睡在同一個房間，嬰兒床上不要擺娃娃，或任何有可能導致嬰兒窒息的填充物品，而且嬰兒應該仰臥而不是趴睡。

為了防止嬰兒意外被大人壓到而造成不幸，分床睡的確是個較安全的方法。但是餵養母乳的媽媽都知道，半夜起床餵奶時，如果寶寶就睡在旁邊實在方便很多。因此，許多媽媽最後還是冒險決定跟寶寶同床，不過也有很多爸媽會因為擔心壓到寶寶而睡不好。有個不錯的折衷方法：讓寶寶睡在嬰兒床上，再把嬰兒床擺在床邊，餵奶時就不用下床走動，只要起身就能把寶寶抱到懷裡，大人小孩都能睡得更安穩。

那麼，同房分床睡應該持續多久？何時該讓孩子到自己的房間睡？除了環境許可外，最重要是要看**孩子是否能夠處理自己的內在焦慮**。同樣的，還是要提到溫尼考特強調的「可承受的劑量」，善用孩子已經建立情感的過渡性客體（例如熊寶寶）來增加他的安全感，逐漸幫孩子度過他跟你的分離焦慮。緩慢分離期間，如果爸媽能對孩子的情感發展有初步了解，根據孩子的情緒發展在適當時候介入及協助，孩子在自己房間睡覺並不是一件太困難的事。

美國嬰幼兒心理健康服務的創始人芙來寶（Selma H. Fraiberg）在《奇妙年代》（*The Magic Years: Understanding and Handling the Problems of Early Childhood*）一書中曾舉了一個例子，來說明孩子的階段性情緒發展如何影響睡眠：有個一歲大的寶寶晚上固定會在十一點醒來嚎啕大哭，無論爸媽如何安撫都沒有用。在和爸媽聊過後發現，原來寶寶十個月大時，有一次爸媽晚上外出，找了一個陌生的保母來照顧，那天寶寶睡到半夜驚醒時，看到陌生的臉孔後被嚇到，就一直哭到爸媽回來。此後，孩子就經常在差不多的時間驚醒，然後就一直哭不停，就算爸媽在身邊也一樣。

對寶寶來說，這是一個創傷經驗，他因為被夢中的情緒驚醒，接著又看到陌生人，十個月大的寶寶本來就會認生（這種陌生人焦慮會從六、七個月大開始，約在十個月大時達到顛峰），兩種情況加乘之下，整個事件就演變成一個強烈的情感記憶，讓寶寶一直不斷重複這個情境。簡單來說，若是寶寶有重複的問題行為，以心理角度來看，可能是因為他們卡在某種情緒經驗裡，無法消化這些情感。

那麼，芙來寶如何幫助這個筋疲力盡的家庭呢？改寫寶寶的情感記憶需要耐心和時間。芙來寶的團隊提議爸媽在白天時多陪寶寶玩躲貓貓，在寶寶夜驚時還是依照共同調節的方式耐心地來調節寶寶的情緒，而且盡量不要在晚上離開寶寶身邊。這對父母遵照這些建議，幾個月後，寶寶的夜驚情況就慢慢緩解了。孩子的父母不解地問：「以前孩子更小時，我們也曾經在晚上把他託給陌生的保母照顧，但他似乎不介意，為什麼突然就介意了呢？」其實爸媽應該要高興寶寶介意了，因為這表示依附關係形成了，全世界他只愛你們、只要你們了。

前面我們曾經提到要當個「夠好的爸媽」，必須隨著寶寶的發展而給予寶寶需要的協助或撤退，因此知道寶寶情緒發展的幾個階段，能夠幫你進入「夠好的」調整。在這個例子中，影響寶寶的主要情緒經驗，顯然是十個月大的陌生人焦慮。

那為什麼芙來寶的團隊會提出玩躲貓貓的建議呢？因為在躲貓貓這個遊戲裡，寶寶會得到「你一定會被我找到，在失去你以後，我還是可以再度獲得你」的經驗，這給了寶寶安全感與控制感。此外，玩躲貓貓時最好在白天明亮的地方進行，這樣的環境會給寶寶更多安全感，並能幫助寶寶更快找到你。

回過頭來談談一起睡或分開睡的問題。讓孩子自己睡是早晚的事，若你想要提早可採用循序漸進的方式，例如把嬰兒床逐漸推離你的床鋪，讓他在睡覺時慢慢離你們越來越遠，並從中知道不用緊黏在父母身邊，也不會失去爸爸媽媽，最後才移到隔壁房間。如果孩子的房間不是在主臥室的隔壁，你可以帶著孩子一起去買寶寶監聽器（baby monitor），利用白天時，在不同房間跟幼兒玩呼叫的遊戲。你可以和孩子約定，只要晚上他一呼叫，你會起身過去馬上回應。當然一開始，他可能會測試你而呼叫很多次，此時要盡可能地耐心回應孩子。只要你有認真履行你的約定，你的回應一定能讓孩子感到安全，逐漸地，他就會減少呼叫的頻率，並習慣自己睡了。

寶貝抗拒睡覺，怎麼辦？

通常睡眠常規建立起來之後，這樣的抗拒會比較小，但是有些兩三歲的孩子可能會想很多理由來抗拒睡覺。這個時候，你要想清楚孩子的動機或意圖是什麼，可能是他焦慮睡著會跟你分離，可能是白天活動量不夠（身體不夠累），也有可能是孩子的某些想像或夢境會讓他害怕等等。如果是孩子不夠累，白天就需要增加他的活動量；如果是焦慮，你可以坐在孩子的床邊，一個個探詢孩子害怕的可能原因。知道答案後，有兩件事建議父母試試：第一是讓孩子能在半夜做噩夢時知道如何叫醒你；第二是跟孩子約定明早起來第一件要做的事，讓他明白睡醒後一定還能見到你。不管你跟他討論了什麼，他都需要你耐心地陪伴他度過這個分離焦慮。

我們曾在前面第七章提過，兩三歲幼兒追求自主的自我行為常會受到大人規範或限制，一整天下來可能會累積不少的負面情緒，這些強烈的情緒容易變成噩夢的養分。因此在心理發展上，兩三歲的幼兒極可能會有做噩夢或難以入睡的狀況。如果你的孩子有這些狀況，負責安撫的爸媽當然會很辛苦。事實上，許多父母也跟你們一樣，經常要在三更半夜撐著疲倦的身子安撫著寶寶的情緒。

我以過來人的經驗分享，一旦孩子開始有過跟父母共同調節的經驗，就會產生安全感，情緒就能更快回穩。可喜的是，這只是幼兒的一個成長階段，只要有心一定會慢慢克服。記得在安撫的過程中，不要只流於成人式的口頭安撫，而是要配合不同感官的安撫：比如說話安撫孩子時，你可以抱著他或撫摸他的臉，或是幫孩子做深層按摩等等。

孩子做噩夢驚醒，除了情緒安撫，還能做什麼？

如果你家兩三歲的寶貝曾經因為做噩夢而害怕入睡，或甚至經常驚醒時，嬰幼兒心理健康服務提供的兩個建議是：

1 運用繪本或遊戲來幫助幼兒處理睡覺或分離的相關議題。以我的孩子來說，她們在幼兒期很喜歡看的兩本書是《你是我媽媽嗎？》及《魔法親親》。這一類的繪本會教導孩子如何面對分離焦慮，甚至也給了爸媽一些有創意的處理方法。我的孩子一直到上小學後，面對緊張的情境時，都還是會要求我給她們一個魔法親親，於是魔法親親變成她們處理內在焦慮的基礎，幫她們面對不安的情緒。

2 爸媽要提供象徵式的協助。舉例來說，你可以跟孩子一起祈禱，如果你的信仰是基督教，可以請牧師在孩子上教堂時給他一個十字架，讓他祈禱時可以握著或放在床邊增加他被保護的安全感。如果你信的是道教，可以帶幼兒到廟裡，教他拜拜，然後慎重地求個平安符，讓他可以握著平安符祈禱。三歲幼兒的語言發展已經開始進入抽象的世界，足以理解保護的抽象意義。對他來說，經歷過這樣的正式儀式，有一個具體物件可以觸摸或保有，於是他會體認到所有大人都很認真地要了解他的焦慮並幫忙，這個物件的持有，更在心理層面上增加了他的安全感。

總之，**一旦建立起安全感，孩子就不會抗拒睡眠**，身體自然就能有正常的生理節律，這是邁向身心健康發展的重要基礎，值得爸媽或照顧者在孩子三歲前花心力培養。在本章裡，我們討論的是常見的睡眠議題，但是在臨床工作中，還是會碰到一些特別的疑難雜症。比如說，孩子睡覺時一定要緊抓著媽媽的頭髮，或是睡前會拔自己的毛髮等等，這些比較個別化的育兒問題，核心問題也都跟焦慮有關，若寶貝有類似困擾，可以尋求專業諮詢。處理好孩子的焦慮，孩子能吃能睡，自然能身心健康地成長，而你對自己帶養孩子的能力也會越來越有信心，更能享受爸媽這個角色。

10

媽媽、狗狗、花花、掰掰……
增進寶寶的語言發展

寶寶應該何時學會說話才算正常？
大雞晚啼對寶寶的心理發展會有影響嗎？
寶寶還那麼小，跟他說話有意義嗎？
為什麼跟寶寶溝通時，要盡量有眼神交流？
太晚才會說話的寶寶，學習力是不是也弱？
如何幫助寶寶早點說話？

也許你會問：「寶寶有各方面的發展，為什麼要單獨挑出語言發展來談呢？」其實，對一個健康發展的孩子來說，開口說話及語言的成熟度，一直都是社會評估他是否發展正常的重要指標之一。倘若寶貝的語言發展比其他同齡孩子慢，爸媽往往就會擔憂孩子未來學習或認知能力的發展是否會有問題。隨著寶寶的年齡漸增，爸媽對孩子語言進化的過分期待，很容易在互動過程中產生挫折感。在我的臨床工作上，有時會發現因為孩子的語言發展緩慢而引發爸媽的焦慮，造成親子依附關係的變化。因此，在本章中我想以心理健康的角度，來探討孩子的語言發展。

寶寶語言發展相對較慢的爸媽，通常會有以下的困惑：在正常狀況下，孩子應該何時學會說話？語言與心理健康有何關聯？如何幫寶寶更早說話或是更會說話？「大雞晚啼」的孩子，對他以後的全面發展或心理發展有影響嗎？下面就讓我們一起慢慢來思考這些問題。

正常狀況下，寶寶應該何時學會說話？

一般來說，第一個有意義的字最早可能會在寶寶七八個月左右出現。但是每個寶寶發展的速度不一樣，因此，如果我們以嬰幼兒發展的篩檢表來看，初步的嬰幼兒發展評估通常會希望觀察到**寶寶們能在一歲半左右說六組疊字**，例如媽媽、掰掰、狗狗等。雖然這個門檻是評估嬰幼兒語言發展的基礎，但其實語言的發展遠比你想像得要早，也比你理解得要複雜。寶寶的語言能力牽涉到認知的發展——在語言發展中，接收式語言（寶寶如何理解別人對他說的話）會比主導式語言（寶寶主動以語言方式來參與這個世界）發展得早。

我們在前面章節中，曾經談過認知發展如何受依附關係的情感影響，因此對三歲前的幼兒來說，情緒發展會跟認知或語言發展息息相關。簡單來說，以心理健康的角度來看，如果是一個身體健康的寶寶，在依附關係中，爸媽的即時回應，還有如何和寶寶一來一往地用語言、聲音、表情及肢體動作來做同步溝通，都是促成寶寶語言發展的重要基礎。

我們每天都在說話，所以你可能會想，這有什麼困難的，只要多跟寶寶說話就是了！這樣回答很大一部分是正確的，多跟寶寶說話，多讀故事書給他聽，多介紹這個世界讓他認識，這些由照顧者提供的刺激會是最豐富的，也是最有意義的。至於剩下的一部分，就在於如何和寶寶做同步溝通，這點跟我們前面提過的「共同調節」就息息相關了。

我們的確每天都在說話，但是我們對於如何跟寶寶說話並沒有太多經驗。在成人的溝通裡，我們習慣使用許多抽象的表達，比如「媽媽希望你是個乖孩子」，這個所謂的「乖」就是一個抽象的概念，寶寶很難理解它是什麼意思，他應該要做什麼才是所謂的「乖」。

一歲左右的寶寶，需要觀察爸媽或照顧者的肢體與表情傳達，幫他們理解抽象語言。因此大人跟寶寶說話時可以運用一些肢體動作，避免使用複雜艱澀的話語，而且最好是寶寶當下可以觀察到的情境，這對寶寶的理解力是最有幫助的。「夠好的」爸媽在跟寶寶同步溝通時，必須能夠敏銳地感受到寶寶當下的狀況，讀出或猜測他當下的意圖，然後再透過語言或肢體動作來表達給寶寶知道，讓他能夠理解自己當下的狀態，並進一步引發他想繼續跟你溝通的意圖。

在一個溫暖安全的依附關係中，寶寶的認知能力能否同步解譯你的表情與語言所要傳達的意思，能否觀察周圍或當下正在發生的事來連結語言中的抽象意義，進一步擁有分享式意義的理解力，都是促進寶寶語言發展的重要認知能力。如上所述，這些認知能力的培養會需要寶寶擁有一個健康的身體、一個穩定的生活環境，以及一個能夠跟他在互動中同調（attunement）的照顧者。那麼，如何評估自己是否跟寶寶常常同調呢？方法是：觀察你自己有多常跟寶寶自然而然地進入「分享式的注意力」。所謂「分享式的注意力」，指的是你注意到寶寶正在好奇或是正在經歷的人事物，甚至是寶寶當下經驗到的情緒，然後再以不同方式表達出你們一起共同分享的當下情境。換句話說，**你可以運用有感情的語言、豐富的表情及肢體語言，形成足夠的線索來幫寶寶理解他目前正在注意或經驗的人事物。**

此外，關於分享式注意力，照顧者還可以做到：敏感地觀察到寶寶消化語言的速度，然後依照寶寶的程度來選擇適當方式跟他溝通，這也是幫寶寶培養語言能力的方式之一。

有時候，父母自我調整的方法可能很單純。例如在我的臨床工作上，偶爾會發現有些寶寶之所以語言發展遲緩，是因為他們的父母會有說話過急過快的傾向。焦急的爸媽希望可以教會孩子或幫孩子，常給寶寶太多無法消化的抽象用語，讓寶寶在溝通中呈現過度負荷的狀態而關閉接收。這些爸媽因為互動的慣性，情緒容易停留在受挫及焦慮之中，而沒有辦法看到可以自我調整的空間。這種狀況下，一旦爸媽開始自我覺察，並以孩子的角度來思考自己是否提供過量或過快的語言，進而放慢速度，使用能讓孩子理解或消化的語言，孩子的語言發展就能開始進步了。

七個方法，幫寶寶更早學會說話

寶寶各方面的發展都包括了生理與心理兩個層面，語言的發展也不例外。**在生理上，這牽涉到寶寶口腔肌肉能否順利運作**。事實上，在說出第一個字之前，寶寶的身心狀態早已悄悄準備好要讓自己能順利跟世界溝通。如果你仔細觀察，在寶寶幾個月大時會開始發出娃娃音（cooing），到出生第一年的後半，你甚至會發現有一陣子他喜歡發出很大的聲音，而且大部分是母音，有時，聲音甚至會大到讓你嚇一跳。這些口腔的用力與發聲練習，都是為了接下來的說話做準備。

從開始嘗試固體食物起，不同的食物提供了豐富的刺激，讓寶寶的口腔能夠進行練習，包括舌頭如何攪拌、口腔肌肉如何使力等等。這些動作不只讓寶寶練習進食，也包括了幫他日後如何運用口腔肌肉把聲音發出來。因此，有些口腔肌肉張力比較弱的寶寶，在語言發展上會更加遲緩。如果寶貝的口腔肌肉張力比較弱，平常可能會偏愛容易吞嚥的流軟質食物，這點爸媽其實就可觀察到。如果懷疑你的寶寶可能因為生理狀況而影響到說話，要盡快尋求小兒科醫師的協助。

除了生理限制之外，在心理發展上，親子關係跟促進寶寶學習語言有何關係呢？簡單來說，重點在於照顧者在跟寶寶的互動中，能否提供寶寶豐富的刺激。互動時，寶寶會經歷許多強烈又溫暖的情感，而情感，常常是誘發寶寶想和外在溝通的主要因素，也是寶寶理解許多抽象語言的媒介。

美國嬰幼兒臨床研究權威史丹利・葛林斯班（Stanley Greenspan）在描述嬰幼兒語言發展時舉了一個例子，來幫助大人理解寶寶如何以情感式的經驗理解抽象的「遠和近」。他說，當寶寶在炎熱天氣下從一個房間爬到另一個房間，不舒服的情緒會讓他開始建構對遠的感受。當他爬過房間後，媽媽看到他不舒服的表情，抱起他說：「好辛苦喔，剛剛爬了這麼遠來找媽媽。」這個抽象語言的回應，便是所謂的同調。在這個默契裡，媽媽看到了寶寶的表情，讀出了寶寶的內在感受，讓他的內在狀態和外在媽媽的回應真實地相遇，於是所謂「這麼遠」的抽象概念開始被建立，並連結在剛剛聽到的語言上。反之，當寶寶在一個舒服的狀態下爬行，愉悅的情感則會幫他理解「近」或「快」這個抽象觀念。因此，**多提供這類情感式、分享式的互動，用言語表達你對寶寶內在狀態的觀察，有助於寶寶了解及建構語言。**

如上所述，語言的發展有其必經的過程，在寶寶說話前，會先經歷一個所謂「前語言」階段。在這個階段，寶寶會用他的身體語言、表情，甚至是手勢來試著表達他的意圖，這是認知與心智發展一個非常重要的里程碑。當一歲大的寶寶用手指著某個物件咿咿啊叫著時，在認知上，他已經能理解你跟他可以有兩個不同的想法，他也理解到用手勢輔助自己，即使只是發出聲音，還是能表達他要你注意的意圖。當你能讀得懂他這個意圖，過來跟他互動，你們就一起進入了對那個物件的分享式注意力。

在分享式注意力裡，你給予寶寶的所有認真回應，都有助於他把抽象的語言與自己的強烈意圖連結起來。於是，寶寶開始懂得語言可以幫自己表達心中的意圖，開始理解獲得語言對他有利，他就會更有動機地去記憶或理解語言。

那麼在實際的做法上，以爸媽或照顧者的角色，又該如何幫孩子發展語言呢？

一、你可以為他創造溝通的意圖

即使寶寶只有幾個月大，當你多和他說話，告訴他你想跟他玩，告訴他你接下來要帶他去哪裡，就是提供機會引發他形成意圖並增加他的注意力。意圖引發渴望的情感，於是驅使寶寶想辦法用表情、動作，甚至聲音來跟外界溝通。

比如一個七八個月大的寶寶，他的意圖不一定會以語言呈現，而是透過許多的身體語言。此時，你可以跟他玩「東西不見了」的遊戲：用布把玩具蓋起來，看著他，然後說「哇」，再做一個困惑的表情。這個互動會因為你的有趣呈現，吸引寶寶看看你又看看那塊布，然後你說「不見了」，最後將布拿起來說「在這裡」。在這個過程中，當寶寶看著你或看著那塊布時，他已經開始傳達他的意圖，他的意思可能是「媽媽，它不見了」。這就是一個分享式注意力，很快的，他學會把語言和情境連結起來，經過一陣子練習後，當你用布把玩具蓋起來時，他可能就會發出「哇」的聲音。

永遠不要覺得寶寶還小就不跟他說話，從生下來的第一天起，寶寶就已經準備好接收並回應世界給他的刺激，因為他要仰賴這些刺激來幫他成長。越早開始跟寶寶說話，對寶寶的語言發展就越有幫助。

二、溝通時，盡量有眼神交流

眼神互動是許多心理治療的重點之一。如果你跟寶貝說話時，沒有彎下身跟他的眼神對視，話語就很容易像一陣風從他頭上吹過一樣，完全沒有被接收或登錄。所以建議認真的爸媽，在和寶寶說話時盡量先有眼神的交流。這些非語言的線索、自然流露的情感及表情，都有助於寶寶在溝通時集中注意力去理解或參與。當然，當寶寶有生理需求而需要你馬上協助時，就不是學習的好時機，因為你必須優先處理他的生理需求。

三、溝通時，以自然的表情與肢體動作輔助

寶寶自發性的互動，湧現豐富的情感，大量經驗這樣的情感式溝通，有助於寶寶的神經元連結，對於腦部建立神經捷徑功不可沒。也正因如此，嬰幼兒在自然情境中最容易學習。親子溝通當然也不例外，你生動自然的表情與肢體動作所流露出的情感，可以幫助寶寶更快融入溝通情境，解碼你的溝通意圖。

四、透過分享式注意力，幫寶寶建構理解基礎

當寶寶大一點可以坐娃娃車推出去走走時，你可以順著他的視線，告訴他你們看到了什麼，或是在日常生活裡，使用簡單的用語告訴寶寶他注意到的物體是什麼。如同前幾章所述，爸媽是介紹這個世界給寶寶認識的第一個人，因此不要小看你每天的講解與介紹。寶寶很愛你，當你認真地對著他說話時，他會努力地理解你在說什麼。你的介紹幫孩子建構起他的世界，這是他跟外界溝通時所仰賴的基礎。

五、猜測寶寶的意圖，並以肢體動作加語言回應他

當寶寶發出咿咿喔喔的聲音時，就算你聽不懂，我還是希望你能盡量去猜測。以你對寶寶的了解，試著將你猜到的意思回應給他。讓寶寶明白，即使他只是發出一些聲音，這個世界還是會試著了解。不要害怕猜錯，如果你的猜測是錯的，那更棒，因為這提供了讓他再度表達意圖的另一次機會。

六、放慢你的速度，使用寶寶能理解的語言

在我自己帶養兩個孩子的過程中，我發現最困難的，就是要以孩子理解的程度解釋那些

在成人世界早已視為理所當然的道理運作。在孩子還不太會說話時，「為什麼不行」常常引發他強烈的情感，並以哭鬧方式呈現；在孩子開始獲得語言後，「為什麼」或是「為什麼不行」才能慢慢以語言方式呈現。所以覺察寶貝的理解，用他可以懂的方式引導或解釋，甚至帶著他一起操作或經歷，對語言的獲得是有很大幫助的。

七、如果真的擔心寶寶的語言發展，發展評估也許是需要的

寶寶的發展是全面性的，需要考慮生理與心理、先天與後天因素，所以服務嬰幼兒的團隊永遠都是跨專業的團隊。嬰幼兒心理健康的專業只是其中之一，我們的訓練著重在依附關係如何影響親子關係的品質，進而幫助寶寶的心理發展健康。若是你的寶寶在一歲半時還不會講話，我會建議你諮詢相關專業，與縣市早療資源轉介中心聯絡，做一個全面性的評估，進一步了解寶寶語言發展遲緩的可能原因。

大雞晚啼對孩子的心理健康有什麼影響？

傳統帶養文化對於幼兒的語言發展慢，總是定義為「大雞晚啼」。其實，在一個單純的

農村社會裡，因為生活簡單，人際互動的變化不大，大雞晚啼的孩子不會承受太大的壓力，他不需要早早就被送去幼兒園，強迫面臨多元互動或溝通的狀態。

但是在現在的社會結構下，孩子面臨的社會互動變得複雜多元，為了能跟外界溝通，幼兒需要具備語言能力的時間點被往前推，他必須學會語言來面對不同的照顧者，甚至是同儕。如果他是個大雞晚啼的孩子，情感上就很容易承受挫折與壓力。

這些挫折包括不被世界理解，以及不知如何表達自己的意圖。當孩子說不出口時，就只能退化回到寶寶的溝通狀態，用最原始的哭鬧方式呈現自己的需求讓別人知道。所以，為什麼兩三歲的寶寶經常很「盧」，就是因為他們不但很自我，表達能力也還不夠成熟，所以經常處於受挫狀態。相反的，你會發現，當寶貝越來越會用語言表達時，情緒就越容易平穩，因為他可以用更快的方式表達意圖，這對於他的心理發展幫助很大。偶爾在我們的臨床工作上，為了要幫孩子更快向世界表達自己的意圖，我們會建議爸媽適度地教寶寶使用簡單的手勢來傳達基本需求，讓他們不會處在情緒的風暴裡，而影響到和照顧者之間的關係。

寶寶的語言能力與心理健康的發展會相互影響，應該說這是因為成人世界仰賴語言和世界溝通所致。所以當孩子漸漸長大，能否使用語言來表達自己的需求，就會直接影響到成人帶養他們的感受，而這些感受會影響照顧者的行為、表情，甚至是口語上的回應，最後回到依附關係，影響了孩子的心理健康。

其實，除了依附關係的影響外，語言的獲得還加強了寶貝自我的控制感。美國嬰幼兒心理健康服務創始人芙來寶在她的書中曾舉了以下的例子，來幫助照顧者理解孩子如何使用語言創造出自己的「過渡性客體」與「自我意圖的掌控感」。

一個快兩歲的小女孩衝出家門看到鄰居家的花，馬上伸手去碰觸。媽媽說：「花好漂亮，我們不摘，但是你可以聞聞看，花好香。」她帶著孩子聞了花香，說出讚美花的話，告訴小女孩，自己明白她剛剛是因為很興奮想認識花，所以碰了花，並約定明天再來看花。這樣的狀況發生幾次後，有一天小女孩到了公園，看到了不同的花，她靠過去，手先舉了起來又放下。接著，她聞了聞花後說：「花。」爸媽點點頭表示贊同，並讚美她聞了花香，於是她滿意地走開了。從此，女孩想摘花的衝動就大幅減低了，她學習到以不同方式來呈現自己想和世界分享新發現的渴望。

在這個看似平凡的觀察中，小女孩經歷了許多心理活動。首先，她心理的渴望以衝動的方式呈現出來，然後在與媽媽的分享式互動中，她迅速地在情境下理解了語言。當她嘗試用語言表達自己內在的渴望時，經驗到自己原來還可以用語言這個抽象的東西來駕馭內在的渴望，以更能被大人讚賞的方式呈現自己的意圖。這是語言的心理意義。所有立即性的情感需求與渴望，因為語言的獲得，而得以被延緩、被自我控制。因為語言，孩子開始進入了內在處理的歷程，也開始進入抽象的世界。在語言中，這些物體終於有個名字，於是所有對這個物體的感受與理解都有了一個依歸。更棒的是，當孩子需要它們，只要想出這個名字，就可以在心裡再度創造它們，並以語言的方式呈現給世界。

這個快兩歲的小女孩在睡前喃喃自語著，媽媽在旁邊聽到她說：「媽媽、狗狗、花、香、你好、掰掰……」在小女孩的心裡，要跟這美好的一切說再見然後睡去，是很大的失落，此時只有語言能夠幫她再一次創造出屬於自己的世界。當她喃喃自語時，這些美好的人事物一一出現在她的腦海裡，讓她覺得她並沒有失去。她只要用語言，隨時都可以在心裡再創造出它們。於是，在這個很常見到的觀察裡，語言甚至成為一個孩子自己創造出來的過渡性客體，讓他在這個必須分離的狀態轉換中更有控制感，幫助他平穩情緒的起伏，讓自己更容易入睡。

由於獲得了語言，寶寶們和世界的互動速度變快了，面向也變豐富了。語言發展的進程，是所有兩歲到三歲幼兒最重要的發展里程碑，許多想法與感受慢慢可以用語言方式呈現，因此語言的獲得還幫助孩子凝聚了「自我感」，理解自己要什麼，組織自己的想法和念頭，然後用口語的溝通方式表達出來。孩子因為建立了自我感，開始可以進入想像的抽象世界，帶領他們日後經歷更複雜的心智成長。

對孩子而言，語言不只是跟世界溝通的媒介，語言還有其心理意義——它成為孩子用來處理情緒或平衡當下衝動的工具。在語言的交換與互惠中，孩子的心理層面與人格養成，都會因為世界希望他能以語言溝通而被影響。

因此在現今的社會架構中，大人們不能一味地等待大雞晚啼，得去理解孩子語言發展緩慢的狀態可能會影響他其他方面的表現，並進一步評估尋求協助的必要性。因為大雞晚啼，不只影響孩子如何控制自我的衝動，也影響了他宣洩當下感受的方式，以及世界如何看待他的行為與回應他。

兩三歲的寶寶擁有強烈的情感，幸好在這個階段，他們的語言發展會大躍進，幫助他們在生活上或是跟爸媽的互動上，能更容易地表達自己的意圖。雖然，這並不代表他們不會有「無理取鬧」的狀況。新學到的技能需要多練習才能熟練，理解了這一點，就會對孩子不穩定的狀態有更多的包容，孩子便可以在這樣的理解與包容中茁壯他的語言發展與能力。

在反覆不斷的練習中，孩子理解到語言的功能與便捷性，會願意學更多，用更多方式來嘗試表達自己的想法，甚至開始學會說大家習慣的用語，讓大人聽了覺得好笑又可愛。這些練習都在幫他們更成熟，每一次使用語言來溝通，就讓他們從只能哭鬧的嬰兒期更成長一點。跟孩子一起分享你們的注意力，這種同調的溝通是所有心理治療都比不上的，因為你們之間的依附關係無人能及。所以，千萬不要小看在日常生活中，「跟孩子說話」的威力！

11

「馬桶歡迎你下次再來！」
訓練寶貝如廁

何時可以開始訓練孩子如廁？
男生和女生會有不同的時間點嗎？
訓練如廁時，要如何照顧到寶寶的心理健康？
為什麼孩子不肯坐馬桶？
完成如廁訓練的孩子，為什麼還會尿褲子？
夜間如廁該如何訓練？

從寶寶呱呱墜地開始，你努力幫他建立飲食與睡眠的規律性，從互動中理解他的心理成長，也目睹了他從軟趴趴到會坐、能走，以及開口說話的神奇成長。接下來，在你面前還有另一項新的挑戰：在你的孩子度過分離焦慮、順利進入幼兒園之前，陪他走過很重要的一步——如廁訓練。

規律的排泄是身體健康運作不可或缺的一環，在嬰幼兒心理健康的諮詢服務中，如何訓練幼兒如廁是經常會出現的主題。在幼托整合之前，幼兒們上幼兒園的指標是如廁訓練是否完成，因此許多急著重返職場的爸媽都希望孩子能盡快完成如廁訓練，甚至壓力大到造成親子情感的摩擦。而在目前幼托整合已經上路的情況下，孩子可能提早在兩歲就入學，因此如廁訓練就可能會是在爸媽和老師的通力協助下完成。

關於這個議題，家長最常問的問題包括：大約何時可以開始訓練孩子如廁？男生和女生會有不同的時間點嗎？在訓練孩子如廁時，要如何兼顧他的心理健康？為什麼孩子不肯坐馬桶？明明白天的如廁訓練已完成，為什麼有時孩子還是會尿濕褲子？夜間如廁該如何訓練？在穩固親子情感為前提下，我們來想一想這些問題的可能答案。

思考這些問題之前，我想提醒爸媽的是：對一個身心發展健康的孩子而言，獨立如廁會自然而然地在孩子自己成熟的時間點做到，這是一個必經的學習過程，孩子一定學得會，所以萬一孩子還無法學會如廁，不要焦慮。大人的過度焦慮反而容易讓如廁訓練陷入親子間的權力掙扎，讓孩子拿如廁來獲得控制感。不過，我也希望爸媽不要因為我說孩子一定學得會，就完全放任不管，因為在這個學習過程中，孩子還是需要爸媽的引導與及時回饋。

何時可以開始訓練寶貝如廁？

對於如何訓練孩子如廁，你看了書，也上BabyHome看其他媽媽的分享，但是你還是想問：到底要幾歲開始訓練孩子自己上廁所？有這個疑問表示你是夠好的爸媽，懂得思考自己孩子的歷程未必跟其他人的經驗一樣。事實上，就跟孩子其他的發展里程碑一樣，如廁訓練並沒有所謂一定要發生的固定時間點。通常我們會跟家長分享，希望他們先進行幾週的觀察。一般來說，大部分健康的幼兒會在兩歲前後開始發訊號給照顧者，例如他剛尿在尿布時就會說他尿尿了，甚至是你會看到他開始找一個自己的角落蹲著上大號，或是當他蹲著大號時不要你看著他。諸如此類的指標，都意味著你家孩子開始明白身體給他的訊號了。所以，如果你的寶貝尚未表達任何類似訊號，你就可以再多觀察一陣子。

對於如廁訓練，我一樣要強調的是，這個訓練需要兼顧生理的成熟及心理的自主。生理的成熟度包括：一、孩子動作轉換的穩定度，上廁所有些姿勢變換，當孩子的動作發展穩定時，自然就容易學會這些姿勢變換，其中包括可以自己到馬桶邊、自己脫小褲褲。二、對上廁所的生理感應，以及膀胱肌肉控制的力量（從有尿意到可以稍微忍住，最後尿在馬桶裡），這些動作能力在一般健康發展的孩子身上，大約在兩歲前後可以觀察到。不過因為生理結構不同，男孩控制泌尿的時間點會比女孩晚一些。

總而言之，在約兩歲的時候，如果你觀察到孩子具備了上述的生理成熟度，再加上其他發展的配合，例如語言的起步，可以幫孩子有能力表達對身體訊號的感知；孩子急速增加的觀察與表達能力，可幫他開始觀察其他人的如廁習慣或是表達好奇；甚至在假扮遊戲裡，他會開始玩上廁所的主題等等。這些都是孩子已經準備好進入這個里程碑的一些輔助觀察，也是你可以開始展開如廁訓練的時機。

如果照顧者因為著急，在孩子生理發展尚未成熟到可以應付如廁訓練時，就強行展開訓練，或許他真的如你所願聽到口哨聲就解尿了，但是對於他**自主感覺到需要上廁所**這個認知並沒有太大幫助。我們希望對孩子來說，這是一個自主學習的過程，你也會發現，在不用穿尿布後，孩子真的長大了一點。

近期的研究也指出，過早讓幼兒進入密集的如廁訓練，孩子反而會感受到壓力而產生抗拒，無法幫他提早學會自己如廁。所謂密集，在這個研究裡指的是幼兒一天有三次以上被要求坐在小馬桶上，而過早指的是寶寶在滿十八個月前就開始訓練了。

在訓練如廁時，如何兼顧寶寶的心理健康？

在心理學的範疇裡，一般相信日積月累的親子互動，雕塑了孩子日後的人格養成。所以當如廁訓練變成生活中爸媽和孩子之間拉扯的重心時，當然會影響到孩子的心理健康。比方說，倘若父母在如廁訓練時太過嚴厲，孩子日後可能容易發展出較僵化的人格特質；如果在訓練時經常揶揄或嘲笑孩子不成功的嘗試，孩子日後可能容易發展出混亂無條理的人格特質。如果以孩子正在發展自主與主導的社會心理任務來看，過於嚴厲的親職方式，容易讓孩子的自我為了生存下來而隱藏在假我中，或是孩子用他本能的方式反抗，為了維持自己的自主，而產生許多大人眼中的「問題行為」。

事實上，嚴厲有很大的一部分，是源自父母本身的焦慮。所以可以先想想，你到底在焦慮什麼。就算是因為趕著要送托，所以希望孩子能早點自己如廁，也還是得根據孩子的年齡來調整你的期待。如果孩子的身心還沒有準備好，或許你可以跟幼兒園的照顧者一起來進行如廁訓練。你越焦慮，當孩子的訓練成果不如你所願時，你的情緒反應就會越強烈，容易造成親子之間的衝突。

以培養幼兒心理健康的角度來面對如廁訓練，我會建議：

一、父母要先降低期待值

告訴自己孩子早晚都能學會自己如廁，要有足夠的引導與耐心，不要預設自己一定要在哪個時間內完成訓練。因為小小孩不是你能控制的，所以不要給自己過大的壓力。

二、讓孩子能自主參與

這是孩子的身體，即使是兩歲大的孩子，也要隨著身體發出的訊號開始階段性成長。當你讀到這些身體訊號後，可以透過簡單的口語、表情及肢體語言，幫助孩子了解這是他的身體在告訴他，他可以不用再依賴尿布了。例如，幫孩子換尿布時，可以一邊告訴孩子乾爽會讓身體感覺好舒服，還有不用包尿布的好處（比如尿布濕又重，穿在身上很不舒服等等）。

三、循序漸進，以孩子可以接受的方式進行如廁引導

- 當孩子開始會表達他尿布濕了，或是便便時需要隱私，可以帶他去挑選一個小馬桶。若是接收來的二手馬桶，可以讓孩子用貼紙加以裝飾，讓他明白這是屬於他的東西。跟孩子說明馬桶的功能，以及如何使用，如果想讓他慢慢熟悉馬桶，也可以讓他在想要的時候坐在馬桶上玩，或是假裝自己在上廁所。
- 挑出兩個角落，讓孩子決定要把馬桶放在哪裡。
- 用繪本或巧虎故事輔助你的引導，主題故事是很棒的引導教材。
- 鼓勵孩子坐馬桶，尤其是大量進食後，腸胃蠕動比較頻繁，有助排泄。但是要記得，不要強迫孩子坐馬桶，要讓他在自主情況下去嘗試；同時也不要太快進入密集訓練（一天邀請孩子坐馬桶不要超過三次以上），太多的邀請反而容易讓孩子心生抗拒。
- 不要讓「試著坐馬桶」變成是一種懲罰，比如規定孩子一定要上出來，不然你會不高興。
- 如果擔心孩子沒有耐心坐馬桶，可以選一個跟上廁所有關的小故事念給他聽。幾分鐘後若是孩子沒有上出來，可以讓他自由離開，告訴他說馬桶歡迎你下次再來。
- 把孩子偶然成功的經驗當成大事慶祝，讚美他願意試這麼多次，讓他對於成功的自我控制感到驕傲，願意繼續自主嘗試。

・累積一定的成功經驗後，如果小馬桶本來沒有放在廁所裡的話，可以鼓勵（而不是規定）他將馬桶移到廁所內，甚至可以跟著他一起去廁所使用馬桶。

・讓孩子決定何時將小馬桶坐墊放在大馬桶上，開始嘗試使用大馬桶。

四、在訓練過程中，不吝稱讚孩子的努力

不是所有的孩子都可以立即就學會自己如廁，而且一開始一定會出一些狀況。不要覺得不耐煩，告訴自己孩子還在學習，不過把屎把尿的日子就快遠離了。等孩子長大後，這些生活點滴都是你跟他分享的小故事，所以在如廁訓練期間，對孩子不斷出錯、不斷努力的嘗試，記得多稱讚幾句。

這些都是教養書裡所謂「照書養」的基本步驟，我也認為這是最能促進孩子心理健康的訓練方法。爸媽要提醒自己，每個孩子因為先天氣質不同，在經歷上述階段所需要的時間長短都不一樣。

當然，這不會是唯一的引導方式。以我自己帶養兩個小孩的經驗，就發現到不是每個小孩都願意買單。我的老大完全按照上述步驟，在兩歲前花了幾週時間成功學會自己如廁，過

程順利，所以當老二兩歲左右開始發出訊號時，我也以為照著這些步驟一定萬無一失。想不到老二天生堅持度高，完全拒絕坐小馬桶，我還納悶了許久為什麼她會拒絕坐馬桶。

我記得那時是夏天，我常帶著老大去參加台北兒藝節的表演活動，老二因為年紀太小就跟阿嬤留在家裡。有一天下午，我和老大看完表演開心回家時，兩歲三個月大的老二突然哭起來說：「你都不帶我去！我都不能去！」她委屈地邊哭邊說，我安撫著她，理解她想跟著我們一起去的渴望。那時我突然靈機一動，認真地告訴她：「我很想帶你去，但是包著尿布的小朋友不能去，因為不方便換尿布。所以如果你學會坐馬桶，我就找適合的表演帶你去看。」於是，老二的如廁訓練在一夜之間順利結束，從第二天開始，除了晚上睡覺之外，她不再需要包尿布，而且她還直接跳過小馬桶、使用大馬桶。我當然馬上兌現我的承諾，帶她去看了許多親子表演。

持續觀察我家老二上廁所的表情和方式，我終於理解了。其一，原來孩子覺得自己已經長大了，尤其是看到姊姊使用大馬桶，所以她一點也不想使用小馬桶。其次，老二天生骨架小，坐在大馬桶上會害怕，所以即便她觀察大家上廁所很久，身體也已經準備好了自己如廁，但這個害怕掉進馬桶的心理卻讓她拒絕順應我的如廁引導。於是，我把這樣的恐懼描述給她聽，並一起商量先將小馬桶的墊子放在大馬桶上，還搬來了一張小椅子放在馬桶前。我告訴她，倘若她不喜歡小馬桶的椅墊，想直接坐在大馬桶上，可以直接把雙腳放在椅子上增加安全感。在找到這個方法之後，老二就能自主地上廁所了，再也沒有排斥過。

我很喜歡跟大家分享這個經驗。身為爸媽，我們要盡可能地準備及吸收親職知識，期許自己能當一個夠好的爸媽，但是一路走來難免有無法預期的狀況發生，所以當挑戰來臨時，千萬不要焦慮，而是要去觀察孩子的情況，以及觀察自己面對孩子這些行為的感受與想法，然後再彈性去做調整。當爸媽本來就需要學習，也需要適時調整，這是很自然的一個過程！

每個孩子都是獨特的，如果你的孩子排斥如廁訓練，一定有他的原因，值得我們花時間去觀察及思考，陪著孩子一起嘗試不同方法。如此一來，孩子就能學會：原來困難是有可能克服的。讓每一次的克服困難、解決問題，都成為孩子自主學習的機會，這種自主學習將會是孩子受用一生的寶貴資產。

如廁訓練，男孩女孩大不同？

男孩因為生理結構與成熟時間不同，所以開始如廁引導的時間點會比女孩晚一些。一般來說，男孩的如廁訓練大約在兩歲半前後，方法如前所述。要注意的是，一開始不用要求他要站著尿尿，你可以這樣告訴孩子：「我們先學會坐著尿尿，慢慢再試著像爸爸一樣站著尿尿。」對孩子來說，坐在馬桶上尿尿會比較容易。

在我的工作經驗裡，發現同樣是如廁訓練，父母傾向會對男孩比較嚴厲，不自覺地會希望孩子能更快「獨立」或不要「動不動就哭」。這是因為兩三歲的幼兒正好是性別角色認同的階段，許多父母在教養男孩時會不自覺依照社會期待而偏重父性規範。有些如廁訓練的極端例子，甚至會看到爸媽羞辱或嘲笑孩子，這其實反映的是爸媽過高的期待或帶養孩子的挫折。但這樣一來，反而會因為孩子的自主發展而引發抗拒與叛逆，讓如廁訓練的過程拖得更漫長更痛苦。

已經完成如廁訓練，為什麼孩子有時還會尿褲子？

我們應該要理解剛學會自主如廁的孩子難免有意外，因為他們上廁所的技能還不是很熟練。但是，如果如廁訓練已經完成好一陣子了，甚至孩子已經上小學，卻莫名地在晚上尿濕褲子，爸媽可能要留意觀察這陣子孩子的周遭環境是否給了他什麼影響。在我的工作裡，常有家長會回饋自己觀察到的情形：剛到新學校太緊張、玩得太專心、跟孩子互動的環境不友善（例如同學攻擊、老師嚴厲，甚至是爸媽經常吵架等等）。

你當然可以把處理的焦點放在尿褲子這個行為本身，例如你可以再一次地引導他理解身體給他的訊號，甚至用獎賞或剝奪權利的方式來處理這個所謂的問題行為。但是，如果不正視影響孩子情感衝突的因素，這個「問題行為」就算被壓制下來，內在衝突也會以另一個形式冒出頭。舉上述例子來說明，如果小朋友因為貪玩，捨不得暫停去上廁所而尿濕褲子，你的引導就可針對這個「捨不得」，幫孩子嘗試用不同方法來淡化這個強烈感受，例如建議他帶一個玩具去上廁所，或是邊上廁所邊想等一下怎麼繼續玩等等。如果是環境不友善而讓孩子產生焦慮、恐懼或憤怒，你可以告訴孩子你理解他最近的困難感受，會幫他跟老師或同學溝通。如果是家庭問題，例如爸媽吵架或衝突，你覺得自己也身陷這個困難情境，不妨去諮詢心理或社工專業，或許可以為你帶來不同觀點，跟你一起想出新的處理方法。

夜間如廁該如何引導？

夜間對膀胱控制更形困難，大部分的孩子在白天能夠自行如廁後，還需要一段長時間在晚上包尿布。根據美國小兒科學會的資訊，在白天如廁訓練成功後，至少有百分之四十以上的幼兒夜間仍然依賴尿布，依賴時間甚至可長達一兩年以上。他們也建議直到孩子六歲前，對於這一點都不用太憂心。

不過，有些傳統方法可以有些幫助，例如從傍晚開始讓孩子少喝液體，睡前讓他去上一次洗手間，但最重要的是，**夜間如廁訓練是把這個自主處理排泄的能力與責任交給孩子，讓他在自己的行為中經驗到不同結果，最後自主選擇可以處理且讓他感覺更好的方式**。記得當我的孩子上幼稚園時，有一天她回來跟我分享：中班的同學已經有很多人晚上不用包尿布了。於是我跟她確認過後（她跟我說想試試看），兩人一致同意試著晚上不包尿布睡覺。看著孩子擔心的臉，我跟她說：「一開始時，每個小朋友都會有意外。如果半夜你尿濕了，可以叫醒媽媽，我一點都不會生氣，因為我知道你還在學。」

孩子跟我說，就算知道媽媽不會生氣，她還是很緊張，於是我們同意試試以下的方法。上幼稚園後，孩子都在八點到八點半之間就寢，我的就寢時間則晚了兩到三個小時，因此我建議我要上床睡覺前會叫她起來上廁所，避免她半夜尿床。你會質疑這樣做，如何培養孩子自主？這個方法的目的不是培養自主，而是給予孩子更多支持來幫她面對這個挑戰，只是階段性的過渡方式，我們暫時共同分擔了這個責任。

過了幾個禮拜後，眼見孩子不再有尿床困擾，我跟她討論後，決定不再每天叫她起床尿尿，讓她自己試著處理（在這個方法，你又看到了溫尼考特的理論應用：給孩子可以承受的劑量讓他學習自主處理）。

這段期間，我們有過十多次的尿床意外，我還記得自己曾在大清早洗著尿濕的褲子，忙著把床墊搬出去曬乾。有時候孩子會連續兩天尿床，或是兩個孩子在同一天晚上輪流尿床，我也會跟孩子說：「媽媽可能看起來有些不耐煩，但不是因為你們尿床了，而是因為我太累了。我還是很高興你們遵守約定馬上來叫醒我，讓我可以幫忙。」我遵守了我對她們的承諾，沒有一次對她們發脾氣，因為她們都在學習。

幾個月後，孩子尿床的情況逐漸消失了，即便久久才一次的「意外」也都是清晨快起床前，因為憋不住尿濕了一點點褲子。於是，我知道孩子們已經成功地度過了這個成長的里程碑，又長大了一些。

在幫助孩子學習自主面對任何事時，爸媽要做好「一定會累一陣子」的心理準備，因為在一開始，他們一定還會需要我們的支持與鼓勵，這一點很重要。吃喝拉撒大哉問，在嬰幼兒的帶養裡，就是這些日常生活會面臨到的議題在挑戰著你和孩子之間的依附關係。孩子的成長之路需要你的協助，請耐心帶領他一起面對一個個挑戰，慢慢找到適合你們之間的引導步調，親子之路會走得更順暢，孩子也可以發展得更好！

12

有時如同天使，有時讓人抓狂
關於憤怒攻擊與手足相處

孩子為什麼會有攻擊行為？
要怎樣處理孩子的攻擊行為？
攻擊對象如果是手足或其他孩子，該怎麼辦？
語言表達能力較差的孩子，較容易有情緒負荷？
犯錯的孩子覺得被忽略，怎麼辦？
如何處理孩子爭寵的忌妒情緒？
大小孩一定要讓小小孩嗎？
如何促進手足間的情感？

在日常照顧的種種困難中，必須專闢一章來談談讓爸媽傷透腦筋的嬰幼兒攻擊行為。在嬰幼兒的眾多攻擊行為中，原因常常包括不知如何處理自己的憤怒情緒、忌妒手足，或是爭取爸媽的注意力。在本章，我希望可以和爸媽一起來思考如何處理孩子這些強烈的負面情感。

在討論個別的攻擊情況前，爸媽們需要理解的一點是，幼兒的攻擊行為是被強烈的情感所驅使的，因此，當你想要教養孩子、減少這些攻擊行為時，不妨先好好思考孩子行為背後真正想表達的感受或渴望的情感意圖。

憤怒、抱怨、生氣等情緒，都是人之常情，不可能從感受中完全抹去。再乖巧的孩子都有自己的感覺及情緒，而且，有時候即便你們置身在同一個情境下，可能因為角色不同，或是理解事物的能力不同，孩子的感覺也可能跟你的不一樣。所以，首先請調整你的期待，理解孩子永遠都會有負面情緒，需要以耐心的教養幫助他理解自己的情感狀態，減低情緒爆發的頻率。孩子的攻擊行為之所以慢慢減少，並不是因為他害怕處罰，而是在你的引導下，孩子學會用不同方式表達他的感受，並信任外在世界理解他所經驗的感覺。

心理或教育心理專業，提倡以行為學派為主的親職教育模式，使用獎賞或處罰等方式來處理孩子的問題行為。的確，對於有嚴重攻擊他人行為的孩子，以安全為優先考量的話，使用獎賞或行為的削弱可能是最立即有效的處理方式。但是，以處罰方式來制止孩子的攻擊行為，只是頭痛醫頭、腳痛醫腳的方法，無法消弭孩子問題行為的源頭（即內在衝突的負面情感）。你只是透過更強大的力量來暫時壓制他的行為，讓他因為恐懼而停止攻擊，這並不代表孩子不會用另外一種方式還擊，人的內在是很有創造力的。反之，如果你的親職引導能夠對應到孩子的情感，針對問題行為的根源來處理，才能教會孩子正確處理自己的情感。

孩子為什麼會有攻擊行為？

兒童心理分析師艾爾娜．芙爾門（Erna Furman）提到，嬰幼兒的教養重點應該放在如何幫助孩子定義（naming）他們經驗到的情感，了解並表達自己的感受（knowing），最後才是幫助寶貝如何使用或是處理（using）自己的負面感受。

首先，身為爸媽，**你必須允許孩子有強烈的負面感覺**。不管在當下他是不是如我們所期待地正確解讀情境，他所感受到的情緒是真實強烈的，迫使他必須馬上因應。

有一次我在公園，看到一個三歲的小女孩玩沙子之後，媽媽的朋友對她說：「啊，妹妹，你的臉髒髒的。」她媽媽說：「我們拿衛生紙擦擦。」小女孩突然情緒潰堤，轉過身去用力地打媽媽一下，然後滾在地上哭叫著說：「臉髒髒的！」任何大人在這個情境下都會覺得莫名其妙，甚至覺得孩子無理取鬧。但事實上，小女孩只是經歷到了羞愧的強烈感覺，她不喜歡自己髒髒的被大家注意到，但是她不知道羞愧這個感覺是什麼，只知道自己被這個很不愉快的感覺攻擊了。她的內在無法處理被攻擊的感受，於是本能的方法就是反擊回去，而最適合的對象除了自己以外，就是最熟悉的媽媽了。

為什麼孩子會那麼容易感覺自己被攻擊呢？世界知名的兒童心理分析師梅蘭妮・克萊恩（Melanie Klein）談到在嬰兒期，許多經驗都容易引發寶寶焦慮，因為對他們而言，最重要的事是讓自我可以存活下來。因此為了生存，嬰兒會努力將好的經驗留存下來，並在心理層面把同一個照顧者分裂成好壞兩個客體。這是因為寶寶還沒有能力有彈性地整合原來同一個人有可能滿足我，也有可能讓我感覺到挫折。

這種二分法的心理防衛機轉，讓寶寶比較容易處理強烈的情緒感受。幼兒也跟嬰兒一樣，總是想要保留好的感受而把壞的感覺排除出去，面對壞客體或壞經驗（無法滿足自己的照顧者或互動情境），幼兒會在潛意識幻想裡攻擊這個壞客體。如果親子關係夠好，你會觀察到，攻擊過後，寶貝會對這樣的行為感到愧疚與沮喪（焦慮自己的攻擊，是否會摧毀你對他的愛）。所以大部分的爸媽總是感到很困惑，為什麼寶寶有時像天使可以很親密地撒嬌，有時又執拗到讓人抓狂。其實，最能兼顧寶寶心理健康的親職方式，就是讓他明白不管表達挫折或憤怒，你都是愛他的，他強烈的攻擊不會把你摧毀，你的心理有足夠的空間包容他的好與壞。

如何處理孩子的攻擊行為？

我們就以剛剛臉髒髒的小女孩為例來說明。媽媽的回應方式需要用到父性與母性兼備的方式，她可能會先包容孩子的情感：「你的臉髒髒讓你很生氣，因為你不喜歡臉髒髒被發現（定義孩子的情緒加上母性的同理）。」停頓一下觀察孩子的反應。「但是生氣時不能打人（父性的限制），媽媽很痛（適度回應你自己的狀態）。」再停頓一下觀察孩子的反應。當孩子比較平靜時，就進入解決問題的階段：「生氣時可以躲在媽媽後面，或是請阿姨下次講悄悄話就好（引導與選擇），然後媽媽會趕快把你的臉擦乾淨，就沒有人看到了。」

每一個回應的階段，你都要停下來看看幼兒的反應，如果你的同理投射是對的，他會覺得自己的情感被了解，情緒就會稍稍平復下來。這個時候再進入所謂的解決問題的階段才會有意義，但即便在這個階段，也不該期待邏輯組織能力不成熟的幼兒，能自己想出辦法解決。照顧者需要引導或帶領幼兒經驗不同的解決方法，在開始時幫他想一些方法，協助他自主選擇或嘗試，這樣才能訓練孩子自主思考。如果孩子的情緒還是無法平靜，就表示你太快進入解決問題的階段了，孩子自覺情感還沒有被完全理解，所以無法過渡到和你一起思考。

身為父母，當孩子攻擊你時，你一定會產生震驚與生氣的情緒，但你不能把這樣的情緒丟回給孩子，這只會攪動孩子更多的負面情緒。如果我們能夠包容孩子，同理他的情感，我們便做了一個良好的示範，讓孩子明白產生負面情緒時不一定要攻擊。

如果孩子持續對爸媽有攻擊行為時，也許你可以想一想這些針對你的情緒從何而來。到底他困在這個攻擊行為中，是要告訴世界或告訴你什麼。是否你的管教方式讓孩子對你又愛又恨，或是他想要競爭你的愛，卻不知道可以用什麼方式。

偶爾，在我的臨床工作中也會發現，通常越是無法用言語表達自己感受的孩子，就越容易有攻擊行為。這個狀況不難了解，因為說不出來的情緒通常是龐大或紊亂的，於是孩子退化至存活與否的原始狀態，面對的是「戰或逃」的兩大危機處理模式，攻擊行為就容易顯現出來了。

如果你的孩子語言表達能力較差，可能會因為這個限制而比同齡孩子有較多的情緒暴怒或情緒負荷。遇到這種情況，我們會幫照顧者與孩子增加溝通的默契，以及加強前語言（肢體語言）的溝通能力，讓照顧者讀懂孩子更多的情緒，然後幫孩子理解自己的感覺。

不過，語言能力和表達情緒的能力並不完全成正比。照顧者除了持續同理並包容孩子以外，還需要清楚告訴孩子他經驗到的感受是什麼，也告訴他你的感受。這樣的處理方式，可以讓孩子明白你真的想幫他。總之，要先幫孩子把情緒平穩下來，他才能聽進你說的話。孩子發脾氣時，若是完全忽略他或隔離他，只容易讓孩子感覺被遺棄，感覺自己發脾氣的時候很可怕。當然，沒有任何大人可以心平氣和地面對一直尖叫狂哭的孩子，在你快受不了之前稍微離開深呼吸幾口氣，再回到孩子身邊，讓他明白你還是堅定地和他待在情感的風暴裡，讓他可以從情緒宣洩的瘋狂狀態裡找到一點安全穩定的感覺。

好消息是，通常你持續以上述方法處理一陣子後，孩子平復情緒風暴的速度會加快，因為他知道就算是在這樣的衝突情感與攻擊裡，他也沒有失去你的愛（因為你一直跟他在一起），他開始學會整合好的和壞的經驗。透過這樣的處理過程，你可以不斷地幫孩子定義他的感覺，讓他慢慢理解這樣的感覺經驗叫做生氣或羞愧，並在你的帶領下嘗試不同的解決方法，孩子就會開始理解並記得社會情境下許可或偏好他使用的對應方法。在孩子學到更好的處理方式之前，你如何回應他的行為，會變成他用來評估處理方法的基準。於是在不同嘗試中，孩子開始建構自己情感的資料庫，邁向理解自己情感之路。

攻擊對象如果是手足或其他孩子，該怎麼辦？

大人可以包容孩子對自己的攻擊行為，但是如果他的行為是針對兄弟姊妹或是其他孩子，處理就要更迅速一點，因為我們都不希望有人受傷。首先，你要思考孩子的攻擊行為背後隱含著何種情緒，我想不需要學過心理學，都能猜到原因不外是：忌妒、覺得不公平，或是覺得沒有受到重視等。

你必須理解，再怎麼乖巧的孩子也會爭寵，也會忌妒。而且，爭寵行為即使會因為年紀越長次數越少，但競爭爸媽的愛會持續一輩子。這是物種延續的基本法則，也是生存本能，接收越多照顧者的注意力越能保證存活。只要你的孩子夠愛你，這個忌妒或爭寵的感覺就不會隨年齡而消失，孩子頂多是找到了自己能夠被你誇讚的方式來拿到自己需要的注意力，例如學齡的孩子會努力考好成績來讓你愛他。但是在終於理解自己哪個部分做得好可以得到你的注意力之前，孩子會有很長的一段時間在忌妒與競爭的感覺裡摸索，而攻擊行為就是他本能的因應呈現。

在我的工作中，常會看到幼兒因為爭寵的忌妒情緒，對還是小寶寶的弟妹做出攻擊行為。我總是會跟爸媽說，如果他們的孩子能夠用言語表達，他可能會說：「我打弟弟是因為我很生氣他比我小，所以你們每次都會先抱他或照顧他。」這話不假，當爸媽有了更脆弱的寶寶需要照顧時，對老大的期待常常會突然升高，好像一夕之間就希望當哥哥或姊姊的能夠更獨立一些。站在孩子的立場設想一下，以前他擁有的是你們全心全意的愛與照顧，但一下子，你們就把大部分的心力放在另一個孩子身上，只會對他說要愛弟弟妹妹。對一個以自我為中心的幼兒來說，要他去愛這樣一個搶走自己爸媽的對象幾乎是不可能的。失去專注的愛，通常是身為老大的人人生中的第一個失落，於是，他開始嘗試向父母或弟妹表達自己的憤怒。

那麼，應該如何處理呢？**你要回到孩子的情感經驗，並認真地回應他的情感需求**。不要只用轉移注意力或處罰方式來應對，孩子的攻擊行為其實只是在跟你說：他很生氣他失去你了。當然，你可能會覺得這太可笑了，你明明還是像以前一樣盡心盡力地照顧他，他怎麼會覺得失去你了呢？

如同我之前提到的，孩子的整合能力是薄弱的，他的感受是片段的、當下的。我們當然知道你還是像以前一樣愛他，只是當你抱起另一個孩子時，他就會經驗到忌妒的情緒，而這就是他攻擊行為的源頭！

所以，當你已經試著規範孩子不要欺負或攻擊手足，他還是不斷地出現這種行為時，表示你的處理並沒有對應到孩子的情感需求。此時，我們會鼓勵爸媽針對孩子忌妒情感的需求做以下處理：

一、規範當下，不要讓犯錯的孩子覺得完全被忽略

當然你會以安全為前提馬上介入，將兩個孩子隔開，一面告訴攻擊的孩子不可這樣做，一面檢查被攻擊的孩子是否有受傷。簡單檢查完以後，告訴被攻擊的孩子你等一下會回來安撫他。

接下來，你要用父性與母性兼備的方式回應做錯的一方，請他站在角落裡想想，下次遇到這樣的狀況該如何做，告訴他等你安撫完受傷的一方後，會回來跟他一起想辦法。當你安撫完另一方後，回頭詢問攻擊的孩子下次遇到類似狀況可以怎麼做（若他答不出來，你可以給他兩個選項）。

所謂有效的規範必須要對應當下的情境，「**夠好的**」**親職處理是跟孩子一起想這個挑戰是什麼，下一次該怎麼處理，能夠在教養當下幫孩子進入思考，學到下一次如何做不同的選擇**。反之，如果你只是隔離或處罰，只能讓孩子理解你很生氣，對他下次該怎麼做一點幫助都沒有。要求孩子在沒有任何基礎的情況下，想出其他方式來處理自己強烈的情緒，這太困

難了，因此，親職處理的重點要放在如何跟孩子一起想辦法。當然，你必須用嚴正的表情和強硬的語氣，明白表示攻擊是你不允許發生的行為，然後才去同理孩子忌妒的心情。

二、鼓勵爸媽各自都有單獨和每個孩子相處的時間

你明白了孩子的情緒需求根源，所以對應的處理方式可以是增加你跟孩子單獨相處的時間。我建議至少每週讓孩子有一次到兩次「獨占你」的時間（年紀越小，次數需要越多）。當孩子有機會經驗到他熟悉的那種獨一無二的愛時，他對於自己仍然擁有你的感覺會比較踏實。假以時日，累積夠多的經驗時，就可幫他整合自己兩極的情感。在我自己帶養的經驗裡，這樣的處理可以幫孩子降低忌妒情緒，因為他明白他仍然擁有你專注的愛。

三、和每個孩子進行不同的獨特活動

家中有兩個以上的孩子，爸媽應該都會發現自己和每個孩子的互動方式會有些不同。這是因為每個孩子都有他獨特的天生氣質，比如你會喜歡帶老二去逛街，喜歡陪老大玩球等等。最重要的是，要讓你的孩子明白你跟他有這樣的獨特活動，讓他明白他在你的心裡是很特別的。

這裡同樣要用到溫尼考特的理論，循序漸進地幫助孩子處理衝突：一開始你要敏感地察覺到孩子需要多少協助，從幫他想辦法，到跟他一起想辦法（提供幾個不同方法），然後開始進入簡單的討論，幫孩子歸納與分類。最後在孩子五、六歲語言發展程度漸趨成熟時，再用開放式問句詢問他有什麼不同的解決方法。循著這個順序，孩子會逐漸學會思考，學會原來自己可以想辦法解決困難，於是他會更有自信，情緒也會更平穩。

如何促進手足和平相處？

手足之間的情感培養是個大哉問，手足能不能好好相處，有時會和年齡差有關，有時則和性別有關。比如說，年紀相差三歲以上，因為雙方發展有差距，可能會較難玩在一起。不過，對家中有兩個以上幼兒的父母來說，教養煩惱之一就是如何減少孩子之間的衝突與摩擦。這不是容易的事，因為幼兒都很自我，要他們互相禮讓、和平相處十分困難；再加上孩子爭吵或打架時，爸媽的情緒很容易被感染而煩躁，這時要冷靜處理孩子的強烈負面情緒更不容易。所以當你發現孩子爭吵時，記得先做幾下深呼吸，告訴你自己這只是暫時的，他們最後會和好，而你現在要幫他們再走一遍上述的處理過程。

對這個階段的幼兒來說，最有幫助的親職教養方式，就是確保孩子的自我可以部分被滿足。更清楚的說，就是教導孩子在分享經驗中，理解自己的渴望可以被部分滿足。觀察幼兒對於分享的學習，你會發現他們的焦點一定是放在「玩具何時可以輪到我玩」，而不是分享的真正意義——讓對方也有機會玩。

問題是，我們一天到晚都在告訴孩子要分享，但他們仍然一天到晚吵架或搶東西，這就要看你是如何教孩子「輪流」或「分享」這種抽象的概念。我觀察過許多父母，在親職教育裡，他們很容易流於言語上的教導，也就是光對孩子說「要分享」。對幼兒的認知來說，這種抽象概念他們根本無法理解。正如發展心理學家尚．皮亞傑所說的，幼兒的世界是在操作中理解與學習的，抽象概念也不例外。如果你只流於口語式的教導，孩子勢必經常在挫折的情緒裡跌跌撞撞，摸索大人所說的分享是什麼意思。

若能結合皮亞傑和溫尼考特的理論，帶領孩子實際去經驗什麼是「分享」，以他們可承受的劑量來進行這樣的學習，對解決孩子的爭吵會很有幫助。所以在引導孩子理解「分享」時，我建議爸媽使用最簡單的方法：告訴雙方你會把玩具輪流給每個人玩。當然一開始，他們不明白什麼是「輪流」，玩具一離手就哭得天昏地暗，因此你要縮短他們等待的時間。你可能會說哥哥先玩，等我數到五就換妹妹玩；妹妹拿到後我會數到五，然後換哥哥玩。然後再慢慢把時間拉長（比如數到十或二十），你要實際在旁邊跟他們一起操作這樣的練習，主持秩序和正義。至於這樣的操作需要練習多久，則視孩子的先天氣質與雙方關係而異，在這樣的練習中，孩子會逐漸學到原來輪流不會剝奪自己的權利，只是多加了等待的時間。

大的一定要讓小的，這是對的嗎？

外來理論進入另一個文化時，都要經過衝擊、調整的過程。嬰幼兒心理理論是西方的產物，有時會與我們「大讓小」或「大孩子照顧小小孩」的傳統帶養文化相悖。結合我的所學與自己當媽媽的經驗，我覺得將每個孩子當成獨立個體來看待是很重要的，所以我並不認為在任何情境下，大的一定要讓小的。不過，我們也不一定要去衝撞傳統的價值觀。比如說，如果老大自己願意禮讓，我們要讚揚他的忍耐與大方，然後告訴老么這是哥哥或姊姊疼愛他的表現。

不過，某些情境可能是你無法掌控的，例如去長輩家時，老大可能會被要求禮讓弟弟妹妹。如果是這樣，我會在出發前先告訴老大這是很多長輩的習慣，並跟他討論如果他願意配合，回家後可以做某個特別的活動；假如他不願意配合，可以嘗試如何跟長輩說明。

當一個公平的仲裁者

就跟所有關係品質一樣，衝突越少，手足之間的情感就會越好，因此，從小教會孩子輪流與分享，並盡量當一個公正一致的仲裁者是很重要的。此外，不要小看你居間扮演的橋梁角色，你的公平與仲裁可以讓他們彼此感覺都受重視。手足相處和諧，對於孩子日後的社交人際能力也會有很大的幫助，最重要的是，爸媽不需要經常生氣地處理孩子之間的紛爭，攪亂家庭的氣氛。有時候，如果手足年紀相差四歲以上，因為身心發展不同，不容易玩在一起。這時可以想一些有難易程度的遊戲或家事讓他們分享，讓他們看到彼此分工合作同樣可以完成一件事。

如果手足年紀相差在四歲以內，在一起玩的機會比較多，這時候你要偏重處理的是爭吵。花點時間觀察孩子如何一起玩，並輪流讓孩子知道剛剛對方為他做了什麼，以此增進手足之間的和睦相處。如此孩子的情感就能平穩發展，心理發展健康，學習也能更專注！

孩子是個小小人，一定會有他自己的情感，身為爸媽，我們要先允許孩子有權利擁有這些負面情感，並理解這些負面情感不會完全消失，因為在人生經驗中的任何人際挑戰，都有可能帶來負面的感覺。如何咀嚼並理解孩子的情緒，然後盡量以客觀方式回應，讓他明白自已經歷了些什麼，不管是手足之間的忌妒、內在的憤怒，或是對分離的恐懼等，都需要照顧者循序漸進的理解與帶領，孩子的情感才能漸趨平穩。

13

玩耍，就是我的工作！

如何幫助寶貝學習

所謂的起跑點是什麼？
怎樣幫孩子建立對學習的正確態度？
孩子有分離焦慮情緒，怎麼辦？
兩三歲的孩子要如何學習最好？
寶寶什麼時候開始學習最恰當？要學些什麼？
孩子心智的成長，與父母的讚美方式有關？
孩子遭遇學習挫折時，如何鼓勵他？

我們的文化向來強調教養不能輸在起跑點，除了前面章節所談到的語言發展之外，進入幼兒期後，許多爸媽常會開始思考——要讓寶寶接受什麼樣的刺激，才能發展得更快更好。贏在起跑點，在傳統的主流思維是重要的，因為這是個競爭的世界。有的專家認為不應該用輸贏去思考孩子的學習，但其實，沒有人喜歡輸的感覺，在贏的過程中也確實可以激發熱情，讓孩子看到自己的價值，增加自信。所以對於輸贏的看法，我不認為非這樣或非那樣不可，我更好奇的是，為人父母者能否以理解嬰幼兒的發展為前提，重新看待如何去定義所謂的「起跑點」。嬰幼兒學習的起跑點究竟是什麼，這點很值得思考，但卻鮮少有人討論。

在某一場針對學前教育的演講中，史丹佛大學發展心理學教授卡蘿・多薇克（Carol Dweck）的話讓我深有同感：「孩子不需要事先學會未來學校會教的知識，學校需要他準備好的，是平穩地進入團體生活，對學習有熱情，以及面對學習挑戰的毅力。」

如果我們仔細地思考她所說的三件事：情緒平穩地進入團體、對學習有熱情、面對挑戰的毅力，就不難想像，以心理層面來說所謂的起跑點是什麼。其實，**起跑點就是孩子社交情緒的平穩發展**，包括他如何平穩地跟你分離、平順地進入團體生活、跟同儕擁有良性的互動，以及如何跟不同老師建立信任關係等等。

我在密西根州的一位工作督導常強調：「孩子沒有平穩的情感，就沒有學習。」並用這句話來幫助家長或老師理解，情感會如何影響孩子的學習品質。

如果用我們自己的學習經驗來想孩子的狀況，我們會發現，大人經常低估情感對學習的影響力。我們學習，因為我們對這個科目有興趣；我們學習，因為喜歡這個老師的鼓勵；我們學習，因為在學習的過程我們樂在其中；我們學習，因為我們有一群同好等等。既然我們的孩子也是個小小人，沒有理由會跟我們不一樣。所以當你開始考慮要讓三歲的孩子學習什麼時，我希望你能想想，是否應該先在孩子的情感調節上下功夫，讓他能夠擁有平穩的情感，做好進入團體生活的準備。

當然，現在你應該已經知道，社交情緒的發展要在安全的依附關係中培養。當孩子經常感覺到被你們所了解及接納，他的情緒就容易平穩，也會信任這個世界，因為他跟這個世界的溝通常是有效的。這些成功經驗，會讓他更常與外界溝通。親子關係是孩子日後所有關係的基礎，因為你們是「夠好」的爸媽，對孩子有足夠的了解，從而敏感地調整跟孩子的距離，讓他能自主地試著去解決問題，但只要孩子需要你們時，你們一定在身旁。這樣溫暖又安全的親子關係，讓孩子在逐漸獨立的過程中，學會理解自己的情感並同理他人的情感，對於日後進入團體生活會有很大的幫助。

每個父母都希望孩子對學習有熱情，面對挑戰時能不屈不撓，除了上面提到的安全的依附關係之外，在孩子三歲以後，父母還需要多做一些些。當孩子在你們的依附關係中開始學習時，要盡量鼓勵他、帶領他、教導他，讓孩子在學習過程懂得自我觀察，並透過以下幾個簡單的問題對孩子表達關注與好奇，引領孩子一起思考：「你喜歡做這件事嗎？」「為什麼？」「你覺得最困難的是什麼？」「我們可以一起想什麼辦法解決？」

此外，言教不如身教，如果你能在日常生活中帶領孩子觀察你如何克服困難或是你如何學習，並在孩子四、五歲後經常一起討論，更能幫孩子建立對學習的正確態度。以心理健康的角度來看，孩子能自主選擇學習而不是被壓迫，這種自主學習才會內化成為孩子的內在動機。反之，盲目地強迫餵養孩子「知識」，只是反映了你自己對生存的焦慮，對孩子的學習弊大於利，甚至還會造成孩子對學習敬而遠之的排斥心理。

學會平穩地分離，才能好好學習

當你開始考慮要讓孩子上才藝班時，你面臨的第一個難題會是如何讓孩子自己待在教室裡。當然一開始，最好的課程設計是親子活動，一來可以減輕孩子的焦慮，二來是你在活動裡的反應還能加深這個學習環境給予孩子的刺激。但是分離的時刻總會來到，當你期待孩子越來越獨立，他就必須面臨獨自跟其他孩子一起留在教室裡的挑戰。上課時，他會有幾十分鐘見不到你，這是前所未有的情形，每個孩子對這個情境的反應都不盡相同。如果你的孩子先天氣質比較活潑外向、情緒比較穩定，他的分離焦慮就可能不會那麼激烈；反之，如果你的孩子個性害羞內向，這可能就會是個大議題。

同樣的，溫尼考特所說的要以孩子「可承受的劑量」，仍是你應該堅守的原則。我記得我家老大三歲多時，為了幫她適應及度過分離焦慮，在讀幼稚園前我讓她去外面上課。我的目的，不是讓她學到什麼「知識」，而是期待能透過這樣的學習情境，讓她練習跟我分離，練習在一個全新的環境裡處理自己的焦慮，想辦法調節自己的情緒，最後可以注意到周遭和老師，開始覺得原來上課是有趣的。

我先跟老師協議後，再跟我的孩子約定：「只要你想出來看看媽媽，你就出來，媽媽會好好抱抱你。但是抱抱完，你一定要再回去教室，出來幾次都沒關係喔！」於是，從她第一次上課跑出來十次，到第五次上課只跑出來兩次，在媽媽的理解與支持下，我的孩子以自己可以承受的劑量學著和我分離。身為父母的人，不要因為怕學費白白浪費而急著催促孩子回教室，因為你要在這個調適過程中，陪著孩子學會在分離情境下處理好焦慮，並對這個分離產生信心。經過這樣的練習，對於孩子日後就讀幼兒園或小學，絕對有很大的幫助。

當然，身為媽媽及嬰幼兒心理的臨床工作者，我也難免要在錯誤中學習。我家老大的個性比較羞怯，所以我是這樣一路陪她走來，而對於個性活潑的老二，因為過於放心就略過了這樣的過渡過程。後來當她們一起去上幼稚園時，反而是老二哭鬧了四個月才適應。記得當時我試過了許多不同方法，其中包括：建立一個正式的分離儀式（抱著她讓她數數，並讓他自主選擇要數到十或三十才說掰掰）；用象徵式物體來創造過渡性的空間，例如給她一張我的名片，慎重寫下會來接她的時間，讓她在想念媽媽時有個憑藉可以依靠……。當然在這個過程中，我會先跟老師溝通、取得諒解。記住，不要怕孩子哭鬧而偷偷離開，這對孩子缺乏安全感的負面情緒是雪上加霜的做法。等孩子理解「分離不會改變爸媽的愛」以後，他就會平復情緒、克服這樣的焦慮情緒。但是他需要時間理解這樣的分離不會改變你對他的愛，你不會忘了他，你也不會不回來。

兩三歲的孩子要如何學習最好？

兩三歲的孩子看似每天都在吃喝拉撒睡和玩耍中度過，無憂無慮很輕鬆。這樣的結論，其實是我們已記不得自己幼年時做了些什麼，也不了解孩子的內在成長。事實上，兩三歲孩子的生活不是你想得那麼簡單，因為他們無時無刻不在學習。

他們的學習是全面且複雜的。你以為他們只是在玩，但事實上，他們必須運用不成熟的肢體動作加上更不成熟的語言技巧來參與，在遊戲過程中整合他們對這個世界的所有認知與理解，以及經驗過的情感，甚至是最近的生活經歷（比如你剛帶他去動物園玩，接下來幾天，他玩的遊戲裡一定會出現和動物園相關的記憶）。然後，他會學著歸納從中學到的具體或抽象的人事物，學著用語言或肢體動作來傳達自己的理解，內化著社會對他們的期待，記憶特別讓他們感興趣的事物。難怪在上發展心理學時，教授們都說：「幼兒在玩的時候，是他們努力工作的時候！」

三歲以下的幼兒，最重要的學習都是在遊戲中完成的，尤其是自由遊戲（free play）。溫尼考特也談到遊戲對嬰幼兒心理發展的重要性，他認為玩耍不只是孩子的專利，終其一生，成人也會透過藝術、音樂、球類運動，或是自己的嗜好來玩耍，因為玩的時候，不管年紀多大，每個人都可以感覺到真實的自我。「我」是具有生命力的，「我」是真實的，「我」是可以創造的！歷史上有太多著名人物，例如牛頓或阿基米德，都是在玩耍中發現了真理，還有矽谷的谷歌公司，他們最好的創新產品常常是員工聚在一起玩耍時發明出來的。所以下次，在你考慮要送孩子去正式學習之前，希望你先想想孩子在生活中是否有足夠的自由遊戲時間，以及是否有足夠的時間跟大人互動與玩耍。

關於嬰幼兒的遊戲，一開始一定是以動作為主。他可能會玩自己的手，可能是學著操作玩具，而且會反覆地玩。你一定無法理解這樣無趣的事，孩子為何可以一再玩不膩，但對寶寶而言，他是在操作中玩耍，經驗到自己想要做的事，學習到自己做了什麼、結果是什麼。在認知上，這是最簡單的「因果關係」，也就是說，在每一次的重複中，孩子的心智都開啟了「想要什麼，怎麼做，感覺有趣，再度想要」這樣的迴路。在大約六個月大的寶寶身上，你可以看到以上的現象，這時的他喜歡抓取東西。如果你理解他正在建立這些迴路，並試著和他互動，透過你不同的表情變化及語氣，會讓這個過程更有趣，更像是個遊戲。

大約在寶寶一歲大時，他會做些簡單的模仿，而模仿也是遊戲的一部分。模仿是心智發展的一大進展，透過模仿，寶寶必須觀察外面的世界在做什麼，並與自己剛學到的動作結合。這可以在情感上帶給寶寶正面的感受——當他模仿你的動作時，他會感覺自己長大了，而更有自信。

透過這樣的模仿，寶寶開始明白物件的用途，或是你如何操持家務。如果你能把握這些時刻，比如當寶寶模仿你做家事時，你可以跟他說：「髒髒，把它擦掉。」這對寶寶理解抽象的語言會很有幫助。在這些日常的自然情境裡，寶寶觀察發生的事，再跟抽象的語言連結，如此就能在腦中建立處理類似情境的基模（基本行為模式）。請不要小看這些模仿，因為接下來寶寶會進入假扮遊戲的階段。假扮遊戲通常會奠基在嬰幼兒的生活經驗裡，換句話說，要能夠進入假想，他必須知道真實的狀況是怎樣的，才能區分假扮與現實。

嬰幼兒假扮遊戲（比如拿湯匙假裝舀湯給洋娃娃吃）的能力，大約在一歲到一歲半左右開始出現。一開始的假扮遊戲，可能會進行得斷斷續續的，這是因為寶寶還在嘗試組織自己的想法，沒有能力編造一個順暢的主題故事來進行假扮，但是如果你持續觀察，大概在孩子四、五歲時，已經可以在團體中進入一個複雜的假扮遊戲，包括角色的選定，以及不同角色如何協調等等。要能夠發展到這個程度，爸媽可以在一開始跟寶寶一起玩假扮遊戲，在遊戲中試著觀察孩子的情感變化，豐富同一個主題的遊戲（可以邊玩邊給寶寶一些點子），演出社會對不同角色的期待。你可以清楚觀察到，孩子如何內化他每天所學到的對或錯的經驗。

遊戲，也提供了一個心理健康的發展管道。記得我家老大在兩歲時玩「媽媽講故事給娃娃聽」的假扮遊戲時，娃娃因為太軟沒辦法坐挺，她居然會用媽媽的口吻對娃娃說：「你亂動，聽故事要乖乖坐好！」在這個假扮遊戲中，她因為扮演了媽媽的角色，而在心理上獲得了某個程度的補償（現在是她在控制，而不是被控制），但是在這個遊戲中，同時也內化了爸媽平常給她的規範（聽故事要乖乖坐好）。

寶寶很快會學到，在遊戲裡，因為是假扮，大人可以允許他把內在強烈的負面情緒及瘋狂的自我想法玩出來。他理解到遊戲是可以被大人接受的表達形式，於是他會透過扮演的角色安心地實驗自己所有好與不好的想法，表達這些強烈的感受。所以當寶寶在玩遊戲時，你要理解他正在學習、正在工作，正在一邊玩一邊處理許多心理活動與認知歷程。

寶貝玩遊戲時，可能會需要你的協助，如果可以，不同的成人都可以盡量陪著他一起玩。每個大人都會本著自己的生命經驗與思路來跟孩子互動，因此在跟孩子玩時，能夠帶著寶寶進入不同的想像中。遊戲本身不一定都要有教育性，玩應該有著隨性與自然湧現的本質。對寶寶最有幫助的遊戲，是本身就能包含自發性的情感流露，讓大人小孩都能玩得盡興，加深親子之間的情感交流，寶寶也能從中經驗到強烈的正向情感，建立大腦迴路的連結。在玩中學習並享受學習，寶貝自然會對學東西有熱情。

寶寶什麼時候開始學習最恰當？要學些什麼？

我想，如果提倡嬰幼兒族群透過遊戲來學習，可能許多爸媽還是不放心，因為這和我們印象中所謂的「學習」明顯有很大的落差。一直以來，長輩教導我們的都是：「不要再玩了，趕快去念書！」所以我們潛意識對於「玩是學習」這件事有著些許的懷疑。其實，我要強調的是，遊戲對寶寶的發展真的很重要，因為遊戲是他整合所有學習的方式。

了解這點後，如果你還是想讓寶寶去「正式學些什麼」，請記住一點：沒有最恰當的學習時機，因為每個寶寶的發展程度都不一定。因此，**與其問寶寶幾歲最適合開始學習，不如問寶寶何時能做好平靜分離的準備，因為只有平穩的情緒才能有效學習。**

一旦孩子能平靜地處理分離時，年幼的他可以學些什麼呢？這個問題可以分兩方面來看：其一是爸媽自己教的，其二是請專人代勞。前者要讓寶寶學到的，包括社會期待、情緒調節、分離與獨立，以及責任感的培養等等。這些屬於根本的態度與價值觀是在接觸任何知識之前，更為重要的學習。換句話說，如果在上小學前，在跟我們的互動與關係裡，孩子學會了喜歡學習，那他有了基本的積極態度，面對不同的知識，他都可以憑藉這個積極的態度去學習，甚至是克服學習中的挑戰。

這些態度或是動機的學習都需要時間一對一的培養與帶領，同時必須針對孩子不同的先天氣質，以循序漸進的方法跟他去嘗試去經驗，最後讓孩子開始能夠自主選擇。這樣一對一耐心的陪伴，不是外人可以勝任的，最好的培養者就是跟他最相愛的爸媽。這些基本態度的學習，對寶寶日後進入團體生活至關緊要。

以責任感的培養為例，這對孩子日後上學幫助很大。很多小孩從幼稚園升小學後，會出現適應不良的問題，就是因為缺乏責任感，無法在自己的渴望與社會的期待（學校或老師的強制要求）之間取得平衡。

責任感的培養，需要父性和母性雙管齊下的教養方式。你可以訂出一個清楚的範圍（父性），然後提供幾個選項讓孩子自己做決定（母性），最後幫他一步一步地去執行。當孩子上幼稚園後，你還可以教他觀察周遭，包括觀察爸媽的生活，看看大人如何處理類似的狀況：「有時候雖然工作很累，不想做家事，爸媽還是必須打起精神做，因為這樣我們才能過得比較舒適。所以生活中一定會有讓你不想面對的部分，但當你堅持做完時，你會覺得自己很棒，還可以給自己獎勵。」你可以跟孩子分享你的心得，並把這些所謂的要求切割成孩子可以承受的劑量，鼓勵他想想完成後給自己的獎勵（不是物質獎勵），然後跟孩子分享完成後的成就感與玩樂的放鬆。

美好與辛苦共存，才是真實的人生。請讓孩子在生活中逐漸體驗，並明白這一點。當孩子試著去克服難題，透過跟你一次次一起面對及解決問題的過程，他自然而然就學會了自己訂立目標，嘗試各種自主的解決方法，抒發自己因為責任而感受到的壓力。於是，日後在學校的正式學習中，即使辛苦，孩子也會明白這就是一個過程，不斷練習就會純熟，純熟後就能做得更好更快。這樣的成就感將榮耀他自己，也讓他享受學習。

許多爸媽會希望孩子能夠越早學習越好，早早就讓孩子去上各式各樣的才藝班，把握學習的黃金期。但是，如果是請老師代勞的課程，我的建議是，要以促進孩子心理健康的角度來選擇，任何能幫孩子建立自我感的學習都是值得的。**所謂建立「自我感」，指的是孩子在學習中可以清楚地觀察到自己學到了什麼，並經驗到透過這樣的學習，他能夠做些什麼努力，克服了什麼困難**。這個學習過程，能夠加深孩子對自己的定義，增強他的自信心，所以舉凡運動類或藝術類的才藝課程，都是不錯的選擇。

藝術是人類創造出來的遊戲形式，對於開發孩子的想像力與創造力都很有幫助。至於運動，在孩子三歲前，如果可以開始培養他對運動的喜愛，對身體或心理健康也很有助益，因為學齡前孩子的自信心，有很大一部分是建立在靈活的動作上。在他們進入幼兒園團體生活時，課業的認知比重還不高，此時誰能做得比較好、跑得比較快，很容易就成為團體的焦點，而這樣的焦點，對於孩子建立自信心是很有幫助的。至於運動形式，不管是花錢去上跆拳道或學游泳，或是定期帶著孩子在附近公園跑步或玩丟球都可以。前提是越小的孩子，就越需要有一個與他關係深厚的人陪著他一起做。

運動不僅有益身心發展，與學習能力也息息相關。已有眾多研究結果顯示，經常運動的孩子在專注力及大腦認知的運作功能上都更為優秀。

在孩子學習過程中如何培養他的挫折容忍力？

家庭教育的重要性，在於我們給孩子的是長期深遠的影響，培養孩子的挫折容忍力就是其一。史丹佛大學多薇克教授提出了一個著名的成長心智理論（Growth Mindset），說明幫孩子建立挫折容忍力的重要性。她說因為心態（或思維模式）不同，遇到挑戰時，有些孩子會因為怕失敗而選擇逃避，有些孩子則認為挑戰很有趣，願意努力去克服，即便失敗也不介意。後面這一類具有挫折容忍力的小朋友，也表現出較高的能力與智力。許多實證研究也發現，給大腦適當的挑戰，可以幫助大腦成長，建立自信心，對於孩子在自主學習的培養上有很大的幫助。在多薇克的研究中，她會給五、六年級的孩子看學習時大腦的影像分析，讓他們明白對於心智的成長，挑戰是必要的，大腦就像肌肉一樣，可以因為不斷鍛鍊而變得更強而有力。

多薇克還認為孩子是否能擁有成長心智，與爸媽的讚美方式有很大的關係。如果我們眼中只看到孩子的成果，孩子就容易傾向選擇簡單的學習，這樣才有把握繼續被稱讚。長久下來，就容易導致孩子遇到挫折時一蹶不振，或是無法貫徹就提前棄甲。多薇克認為爸媽應該把注意力放在孩子嘗試的過程，鼓勵及讚美他們勇於嘗試解決問題的意願與努力。當孩子明白爸媽看重的是過程時，就會更願意選擇困難的挑戰，無形中開始了孩子對於挫折容忍度的自我訓練。

以心理健康的角度來看，當孩子可以在學習裡自主選擇具挑戰性的部分，並預期適度的困難會幫自己的大腦成長，挫折容忍度自然就比一般孩子高。多薇克建議爸媽的讚美，應該聚焦在以下四個層面：

1 孩子如何在努力的過程中雖敗不餒，堅持下來。

2 孩子如何面對挑戰，他想到的解決方式有哪些？

3 孩子是否自主選擇比較困難的任務。

4 孩子如何嘗試改進自己的困境。

由於解決問題的策略需要認知的抽象思考能力，因此以上建議可能適用於四、五歲以上的孩子。不過，對三歲以下的孩子，你也可以透過言語映射出你看到他剛剛做了什麼，讚美他的努力嘗試，並提供他不同的方式讓他自己操作。

學習是一輩子的事，如果孩子在上小學前能夠學會調節自己的情緒，進入自主學習，就能享受學習的樂趣。孩子的自主學習需要爸媽調整心態與讚美方式，培養孩子的責任感，並跟著他一起嘗試解決問題，在適當時候放手。比起學會某些知識或技能，更重要的是，爸媽會幫孩子建立起對學習的根本態度，那是我們能給孩子受用一輩子的人格特質。

結　語

從帶養中，見證自己的創造

很多人會覺得：「我是當爸媽以後，才開始學當爸媽的。」其實，這句話並不完全正確。以培養嬰幼兒心理健康的角度來看，在爸媽決定要嘗試懷孕或知道懷孕後，我們的身體和心理便開始做準備了。除了父性/母性的直覺和本能之外，我們在意識層面或潛意識層面所記憶上一輩對自己的教養，也會開始翻騰起來，這些都是在為日後當父母做準備。所以，我們真的不是從零開始。打從懷孕開始，我們的內在就有一些好的特質，因為孩子的即將到來而慢慢滋長著。

當父母的焦慮，其實是源自對即將進入的這個角色的未知，以及那些摸索著帶養嬰幼兒的過程。這個過程跟成人之間的親密模式何其不同，比如寶寶夜以繼日無時無刻都要你亦步亦趨緊跟在旁邊確保安全，或是寶寶的嚴重分離焦慮會讓你連上廁所都必須打開門……。在這些我們不熟悉的異常緊密中，總有一些時刻，我們會對自己幼小的孩子生氣，會對自己或伴侶生氣或感到挫折，覺得自己把當爸媽這件事搞砸了，或是當爸媽這件事把自己的人生搞砸了。面對這樣空前絕後的挑戰，我們會需要休息與抽離，想一想自己怎麼了，可以有什麼不同的做法。

最終，我們不再只是為了孩子……

當爸媽的挫折、辛勞，從一首有名的搖籃曲〈Rock-a-bye Baby〉就能窺見一二。嬰幼兒發展心理學界曾經探討過幾首催眠曲的歌詞，有人認為這些歌詞含有許多攻擊意味，怎麼會適合唱給寶寶聽，這首〈Rock-a-bye Baby〉就是其一：

Rock-a-bye baby, in the treetop 搖搖寶貝，在樹梢上
When the wind blows, the cradle will rock 當風吹起時，搖籃將會搖晃
When the bough breaks, the cradle will fall 當樹枝斷裂時，搖籃將會掉落
And down will come baby, cradle and all 寶寶、搖籃和所有的一切，將會掉落

把寶寶的搖籃放在樹上，然後讓搖籃和寶寶一起掉下來——這樣的情景，想要表達的就是照顧者受挫的潛意識。但是這樣的一首歌，千百年下來卻總是被那麼溫柔地吟唱著，就如同爸媽對寶寶又愛又氣的矛盾情感一樣。這首經典搖籃曲證明了從古至今，爸媽或是主要照顧者也是人，在辛苦的育兒經驗裡，也有自己的感受與情緒。所以，就像我們生命中經歷過的每個成功經驗一樣，育兒有快樂感動的時候，也會有挫折痛苦與悲傷的一刻。每一個真實的生命經驗不可能只會有純粹正向的情感，我們所做的一切努力，都是在整合這些正向與負向的情感經歷，尋找自己存在的意義。

所以，請允許自己和電視廣告中永遠慈愛的爸媽不同，讓自己經驗這些挫折，嘗試消化這些不舒服的感覺，透過吸收新知或與他人討論，理解自己或孩子的情感，嘗試用不同的方式來調整和寶寶互動。因為身為父母需要有彈性地調整自我，以因應孩子獨特的氣質，以及每個階段不同的發展挑戰。

帶養孩子是個從無到有的漫長過程，但是在這個過程裡，我們會見證自己如何創造，如何帶給世界一個自我的延伸。這是個很棒的過程，其中有快樂、挫折、困惑、焦慮、成功，以及感動。不管你是如何開始進入這個角色，慢慢地，你會發現你這樣的付出不是只為寶寶或是他人，夜以繼日的給予，讓我們的人生也因為這樣持續的付出而豐盈起來。於是，最終我們不再只是為了孩子，我們還為了自己，為了自己那不可或缺的生命經驗！

為良好的親子關係打下堅實地基

我無法描述這樣的親子之愛有多美好。我們愛，不是因為孩子從不犯錯、沒有情緒問題，或是成績優秀、能夠活出我們的期待等等。我們愛他們不同的脾氣，愛他們的古靈精怪，愛他們熱愛學習、自我負責，愛他們之間互相敬愛……。當我的朋友們因為這個世界的混亂而不願意生小孩時，我想的卻是如果我們把他們帶來了，我們可以帶養出善良美好的孩子，讓他們在未來可以貢獻一些良善給這個世界，而要做到這些，著重的是心理健康的帶養。這樣的帶養最終甚至可以幫助爸媽在親子與家庭關係中，經驗到整合的滿足感。

從完全的緊密依賴，到全然獨立與分離，這個過程挑戰的不只是如何當一個夠好的爸媽，更挑戰了我們的內在如何涵容、如何給予、如何理解、如何因應孩子發展而彈性調整，以及如何引導、如何尊重、如何放手。因此，帶養孩子也是一趟探索自我之旅。就像所有的給予一樣，我們的用心付出最終仍將迴向給自己，並豐盈了自己的人生。

對孩子而言，嬰幼兒時期是他最需要你的時期，他必須全然地依賴你，因此，趁著孩子三歲前跟他好好建立情感，好好理解及引導他，這是非常有預防價值的。我們常會因為工作與生活的忙碌，忘了騰出時間和孩子互動與交談，等日後孩子長大，進入半獨立的青春期，將重心轉向同儕關係時，爸媽會發現再也無法硬性規定孩子做些什麼。此時反而要靠你們一路以來，用陪伴、理解與引導打下的愛的基礎，牽引著孩子做出較好的決定。因為你們之間的愛，讓孩子能在面臨重大的人際與學業挑戰時，願意信任你，在需要時跟你求援，不至於做出衝動的決定。因此，注重嬰幼兒心理健康的教養，就像是給良好的親子關係打下了堅實的地基，對於孩子在成長中逐漸邁向的分離，提供了彈性與值得信任的品質。

我是個和嬰幼兒族群一起工作的臨床工作者，我相信當爸媽準備好要更了解嬰幼兒的情感，並依照孩子的發展來調整自己的期待時，親子關係會更順利。我建議每個父母在選擇形成自己的親職技巧與風格前，應該多讀多聽多接觸，這也是我寫這本書的用意。

我必須誠實地說，關於這些理論的選擇，有我專業的養成及主觀偏好，也有我自己身為媽媽的帶養經驗分享，我希望它只是個拋磚引玉的開始。如果能夠因為這本書，開始引導爸媽思考嬰幼兒的情感經驗，嘗試觀察孩子當下的意圖，進而學習如何了解孩子的情感及意圖並提供協助，讓親子雙方都經驗到相愛的感覺，對我而言，這就是最好的回報。

成功的帶養經驗需要天時、地利與人和，這包括：你們是否已準備好要當爸媽、身邊有無可以信任的資源與支持系統、懷孕與生產過程是否順利、孩子本身是否有難帶養的氣質、爸媽是否了解孩子的發展，以及能否有彈性地調整自己的親職技巧等等，都是帶養能否成功的要素。當然，有時候爸媽難免會覺得分身乏術，或應付不了寶寶的獨特需求與發展狀況，這個時候請善用身邊的資源。如果需要更專業的諮詢或協助，可以和台北市立聯合醫院松德院區的兒童青少年心智科或是台北市的心禾診所聯絡。或許，經過幾次專業諮詢後，能夠提供爸媽們不同的思考面向。

當爸媽本來就不是簡單的事，但是這條走來不簡單的路，卻很值得我們專注投入。因此，當我們處於暫時的困難狀態時，讓我們提醒自己，認真面對這些甜蜜的負擔可以帶來的甜美相愛，看著自己、伴侶與孩子都在這個親子之愛中成長茁壯，自己真心地愛上當爸媽這件事，那是人生最純然的幸福！

國家圖書館出版品預行編目（CIP）資料

愛上當爸媽這件事：0到3歲嬰幼兒心理學 / 孫明儀著. -- 初版. -- 臺北市：早安財經文化，2015.12
面； 公分. --（生涯新智慧；41）
ISBN 978-986-6613-75-3（平裝）

1. 兒童心理學 2. 育兒

173.1 104022127

生涯新智慧 41

愛上當爸媽這件事

0到3歲嬰幼兒心理學

Falling in Love with Parenthood

作　　者：孫明儀
特約編輯：莊雪珠
封面設計：Bert.design
責任編輯：沈博思、劉詢
行銷企畫：楊佩珍、游荏涵

發 行 人：沈雲驄
發行人特助：戴志靜、黃靜怡
出版發行：早安財經文化有限公司
台北市郵政30-178號信箱
電話：(02) 2368-6840　傳真：(02) 2368-7115
早安財經網站：http://www.morningnet.com.tw
早安財經部落格：http://blog.udn.com/gmpress
早安財經粉絲專頁：http://www.facebook.com/gmpress

郵撥帳號：19708033　戶名：早安財經文化有限公司
讀者服務專線：(02)2368-6840　服務時間：週一至週五 10:00~18:00
24小時傳真服務：(02)2368-7115
讀者服務信箱：service@morningnet.com.tw

總 經 銷：大和書報圖書股份有限公司
電話：(02)8990-2588
製版印刷：中原造像股份有限公司
初版1刷：2015年12月
初版15刷：2022年12月

定　　價：330元
I S B N：978-986-6613-75-3（平裝）